鎌倉千年の歩み

段葛からのオマージュ

（撮影　原田　寛）

段葛は語る

1997年4月

写真　原田　寛

鳩サブレー
豊島屋
東邦生命
40

2001 年 1 月

毎年、段葛は桜一色の春を迎えた

桜の後には青葉のトンネルが続いた

2004年9月

二〇一六年三月　新たな歩みが始まった

2016年10月

年表

鎌倉千年の歩み

平安時代

1028（万寿5）年	6月	平忠常の乱。平直方、鎮定に失敗
1031（長元4）年	4月	源頼信が忠常の乱を鎮定。子の頼義が平直方の女婿となり、鎌倉の地を譲られる
1051（永承6）年		前九年の役始まる
1062（康平5）年	9月	頼義が子の義家とともに前九年の役を鎮定
1063（康平6）年	8月	頼義が石清水八幡宮を鎌倉・由比郷に勧請、社殿を創建
1081（永保元）年	2月	源義家が由比郷の八幡宮を修理
1083（永保3）年	9月	後三年の役始まる
1156（保元元）年	7月	保元の乱
1159（平治元）年	12月	平治の乱
1180（治承4）年	4月	以仁王の平氏追討の令旨発せられる
	8月	源頼朝挙兵
	10月	頼朝が由比郷の「鶴岡宮」（鶴岡八幡宮）を小林郷の北山（現、若宮の辺り）に移す
	12月	頼朝、大倉郷の大倉御所（現、鎌倉市二階堂、西御門、雪ノ下3丁目一帯）へ移る
		平重衡、東大寺・興福寺を焼く
1181（治承5）年	閏2月	平清盛死去。64歳
（7月14日に養和元年）	7月	頼朝、鶴岡若宮の造営を新たに始める。8月に遷宮
1181（養和元）年	12月	鶴岡若宮に鳥居を建立。浜の大鳥居と思われる
1182（養和2）年	3月	頼朝、社頭より由比の浦に至るまでの参道（若宮大路・段葛）を造営
1184（寿永3）年	1月	木曽義仲敗死
		頼朝に、平氏追討の宣旨
	2月	一の谷の合戦
	4月	平重衡、鎌倉に連行

鎌倉時代

1185（元暦2）年	2月	屋島の合戦
（8月14日に文治元年）	3月	壇ノ浦の合戦
	5月	平宗盛父子、鎌倉に連行。「吾妻鏡」における「若宮大路」の名称の初見
	11月	行家、義経追討の院宣下る
1186（文治2）年	4月	静が鶴岡八幡宮で舞を披露
	8月	頼朝が鶴岡八幡宮の鳥居の辺りで西行に出会う
1187（文治3）年	8月	鶴岡八幡宮で初めて放生会と流鏑馬が行われる
1189（文治5）年	閏4月	藤原泰衡が、義経を討つ
	7月	頼朝が奥州合戦に向けて鎌倉を出発
1191（建久2）年	3月	小町大路より出火、若宮社殿・廻廊・経所が焼失
	11月	鶴岡八幡宮・若宮・末社の遷宮

1192（建久3）年	7月	頼朝が征夷大将軍となる
1199（建久10）年	1月	頼朝死去。53歳
1200（正治2）年	1月	梶原景時討たれる
1202（建仁2）年	7月	源頼家、将軍となる
1203（建仁3）年	9月	比企一族滅亡 源実朝、将軍となる
1204（元久元）年	7月	頼家、伊豆で殺される。23歳
1205（元久2）年	6月	畠山重忠討たれる
1213（建暦3）年	5月	和田合戦
1215（建保3）年	8月	暴風により、浜の大鳥居倒壊。10月に再興
1219（建保7）年	1月	源実朝、公暁に暗殺される。28歳
（4月12日に承久元年）	7月	三寅（のちの将軍・藤原頼経、当時2歳）が京都から鎌倉に到着
	12月	大倉御所が焼失。以後、再建されず
1221（承久3）年	5月	承久の乱。幕府軍が上洛
1224（貞応3）年	6月	北条義時死去。泰時、執権となる
1225（嘉禄元）年	7月	北条政子死去。69歳
	12月	幕府御所を宇津宮辻子へ移転
1226（嘉禄2）年	1月	頼経、将軍となる
1227（嘉禄3）年	3月	大地震で諸所の門の扉や築地が倒れる
1232（貞永元）年	閏9月	春日社記録の「中臣祐定記」に「壇カツラヲタヽミ、壁石ヲ立」とある
1236（嘉禎2）年	8月	将軍・頼経が若宮大路の新造御所へ移る
1241（仁治2）年	4月	大地震の津波のため、由比浦大鳥居内の拝殿流される

1242（仁治3）年	6月	執権・北条泰時死去。経時、執権となる
1244（寛元2）年	4月	藤原頼嗣が将軍となる
1245（寛元3）年	1月	鳥居3基とも転倒
	10月	浜の大鳥居再建
1246（寛元4）年	3月	北条時頼、執権となる
1247（宝治元）年	6月	宝治合戦。三浦一族滅亡
	7月	若宮大路御所を他の場所に移すための審議が行われる
	10月	若宮大路御所移転に対して強い反対があったため移転しないことが決まる
1252（建長4）年	4月	宗尊親王、将軍となる
	11月	宗尊親王、若宮大路御所内の新造御所に移る
1253（建長5）年	8月	放生会。将軍は「西門を出御、若宮大路を北に行き、赤橋の砌（みぎり）に至りて御下車」
1257（正嘉元）年	8月	地震。中の下馬橋付近が地割れ
1266（文永3）年	7月	将軍・宗尊親王、京都に帰される
1268（文永5）年	3月	北条時宗、執権となる
1274（文永11）年	10月	蒙古襲来（文永の役）
1280（弘安3）年	11月	上宮、末社、楼門以下焼失
1281（弘安4）年	閏7月	弘安の役
	11月	前年焼失した神殿を復興し、御正体を遷宮
1296（永仁4）年	2月	上下宮以下焼失。12月、再建、遷宮
1313（正和2）年		この前後に、吉田兼好、鎌倉に二度滞在
1315（正和4）年	3月	若宮・別当坊以下焼失
1316（正和5）年	11月	上下宮等正遷宮

年	月	出来事
1333（元弘3）年	5月	鎌倉幕府滅亡

室町時代

年	月	出来事
1335（建武2）年	8月	足利尊氏が武蔵佐々目郷の領家職を鶴岡八幡宮に寄進
1336（建武3、延元元）年	11月	尊氏「建武式目」を定める。室町幕府成立
	12月	南北朝分立
1352（観応3、正平7）年	9月	若宮小路（若宮大路）3カ所の橋および社頭築地修固
1358（延文3、正平13）年	4月	浜大鳥居上棟
1392（明徳3、元中9）年	閏10月	南北朝合一
1393（明徳4）年		畠山重保供養塔とされる宝篋印塔建立
1413（応永20）年	3月	足利持氏が大鳥居建立。奉行は上杉禅秀
1438（永享10）年	8月	鎌倉公方・足利持氏、六代将軍・義教と対立。永享の乱
1455（享徳4）年	6月	足利成氏、古河へ移り、古河公方と呼ばれる
1467（応仁元）年	5月	応仁の乱起こる。戦国時代に入る
1477（文明9）年	11月	応仁の乱一応終わる
1495（明応4）年	8月	地震による津波、千度壇（段葛）に至る
1497（明応6）年		このころ、「善宝寺寺地図」作成される
1512（永正9）年	8月	北条早雲、三浦義同（道寸）を住吉城に追い、八幡宮に参拝
1516（永正13）年	7月	新井城、早雲によって落ちる
1526（大永6）年	11月	里見実尭の軍勢により上下宮以下焼失
1540（天文9）年	11月	北条氏綱が上下宮ほか諸堂を再建
1542（天文11）年	4月	由比ケ浜に大鳥居造立、落慶
1552（天文21）年	4月	北条氏康が由比ケ浜大鳥居再建
1561（永禄4）年	閏3月	上杉謙信、鶴岡八幡宮参拝
1570（永禄13）年	3月	北条氏政、東慶寺領を安堵

安土桃山時代

年	月	出来事
1573（元亀4）年	4月	織田信長、足利義昭を追放。室町時代終わる
1590（天正18）年	7月	豊臣秀吉、後北条氏を滅ぼす　鶴岡八幡宮に立ち寄る
1591（天正19）年	5月	豊臣秀吉、鶴岡八幡宮修営目論見絵図を作らせる
1597（慶長2）年	9月	徳川家康、光明寺を浄土宗関東十八檀林の首座とする
1600（慶長5）年	6月	徳川家康、上杉征伐の途中、鎌倉に立ち寄る

江戸時代

年	月	出来事
1607（慶長12）年	4月	林羅山、鎌倉に立ち寄る
1608（慶長13）年	10月	伊達政宗、荏柄天神で独吟千句を奉納
1626（寛永3）年		徳川秀忠が命じていた八幡宮の造営工事が完成。現在の若宮社殿はこの時に建立
1633（寛永10）年	11月	沢庵宗彭、鎌倉五山はじめ、諸寺を巡る
1643（寛永20）年	8月	紀州徳川家の祖　徳川頼宣、保養のため鎌倉に来る
1648（慶安元）年	8月	水戸藩主　徳川頼房、英勝寺墓参
1668（寛文8）年	8月	徳川家綱、「浜の大鳥居跡」碑より180メートル海岸寄りに鳥居を移し石造りにして再建

年	月	出来事
1669（寛文9）年	3月	**貝原益軒**、鎌倉、金沢歴観
1674（延宝2）年	5月	**徳川光圀**、鎌倉歴覧、鎌倉日記を述作
1703（元禄16）年	11月	南関東大地震。3基の鳥居崩れる
1732（享保17）年	11月	「鶴岡八幡宮境内図（享保境内図）」作成される
1733（享保18）年	7月	幕府が新鋳の大砲を鎌倉海岸で試射
1762（宝暦12）年	4月	**徳川家治**が鎌倉への遠馬を近侍に命じる。以後、幕末まで遠馬流行
1783（天明3）年	8月	材木座補陀洛寺が竜巻で破壊される。竜巻寺の始まり
1793（寛政5）年	4月	**松平定信**、鶴岡八幡宮参詣
1807（文化4）年	5月	山ノ内長寿寺で**足利尊氏**四百五十年遠忌法要が盛大に行われる
1821（文政4）年	1月	上宮、楼門、回廊などが焼失　段葛両側火の海に
	6月	**渡辺崋山**、鎌倉遊覧
1828（文政11）年	8月	鶴岡八幡宮の再建が完成。現在の本宮（上宮）はこの文政の再建
1846（弘化3）年	6月	デンマーク船、鎌倉沖に出現。鎌倉来航の最初の異国船
1854（嘉永7）年	1月	異国船渡来につき、鎌倉五山で国家安全の祈祷
1859（安政6）年	6月	**河井継之助**、鎌倉に立ち寄る
1863（文久3）年	3月	桜田門外の変に関わった水戸藩士・**広木松之助**、大町上行寺で自刃
1864（元治元）年	10月	下の下馬付近で、英国軍人2人が殺される
1868（慶応4）年	3月	太政官により神仏混交が禁止される

明治時代

年	月	出来事
（9月8日に明治元年）		政府は鎌倉の社寺に貸付金の催促を禁止
1869（明治2）年	7月	鎌倉宮、創建
1870（明治3）年	6月	神仏分離のため、鶴岡八幡宮境内の諸堂塔・仏像・什器一切を破棄
1871（明治4）年		鎌倉中の寺社領ことごとく召し上げられ、神奈川県の所轄へ
	5月	総裁・**筥崎博尹**、図書・**大沢錦二**が「鶴岡八幡宮境内絵図面」を作成
1872（明治5）年		一ノ鳥居の並木敷から旧大鳥居の根部が発見される
1873（明治6）年	2月	**明治天皇**、鎌倉行幸
1874（明治7）年	11月	**島津久光**、鎌倉墓参
1878（明治11）年	5月	二の鳥居までの段葛が官有地に編入される
1882（明治15）年	10月	**筥崎博尹**が八幡宮宮司に就任
1885（明治18）年	4月	**南方熊楠**、鶴岡八幡宮参拝
1888（明治21）年	1月	横須賀線施設工事開始（**西郷従道**・**大山巌**が内閣に要請）。翌年6月に開通。二の鳥居以南の段葛が失われる
1890（明治23）年	4月	**ラフカディオハーン**、鎌倉遊覧
1891（明治24）年	12月	後の鎌倉町長・**大山初蔵**が民間で作った鎌倉最初の実測地図（鎌倉実測図）出版。この年の鎌倉の戸数1382戸、人口7522人
1892（明治25）年	8月	**島崎藤村**、扇ヶ谷に仮寓
1893（明治26）年	3月	**正岡子規**、鎌倉遊覧。「鎌倉一見の記」残す
1894（明治27）年	12月	**夏目漱石**、円覚寺に参禅
1902（明治35）年	2月	**国木田独歩**、坂ノ下に寓居
1904（明治37）年	8月	一の鳥居が特別保護建造物（重要文化財）に指定される

年	月	出来事
1910（明治43）年	11月	横須賀線のガード建設に伴い、江ノ電が小町（のちに鎌倉と改称）まで開業。若宮大路上を線路が走る光景が出現
	12月	**高浜虚子**、鎌倉に居を定める
1911（明治44）年	3月	**皇太子（大正天皇）** 亀ヶ谷 香風園に立ち寄る

大正時代

年	月	出来事
1913（大正2）年	3月	国、県から段葛に桜158本の植樹が許可
1917（大正6）年	1月	段葛の鶴岡八幡宮境内地編入が許可される
1918（大正7）年	2月	**芥川龍之介**、大町に寓居
	3月	段葛の改修竣工。積み石を積み直す
1923（大正12）年	9月	関東大震災。楼門、3基の鳥居倒壊

昭和時代

年	月	出来事
1927（昭和2）年	1月	三の鳥居を鉄骨鉄筋コンクリートで再建
	11月	二の鳥居を鉄骨鉄筋コンクリートで再建
1928（昭和3）年	夏	**横溝正史**、大町に寓居
1935（昭和10）年	6月	若宮大路、当時松並木敷きとなっていた部分のみが国史跡に指定
1936（昭和11）年	8月	一の鳥居改修工事竣工
1949（昭和24）年	3月	江ノ電、鎌倉駅西口を発着駅とし、若宮大路側の駅を廃止
1957（昭和32）年	2月	鶴岡八幡宮大鳥居（一の鳥居）、重要文化財に指定替え
1961（昭和36）年	6月	段葛の土手の両側に玉石を築く第1期改修工事（赤橋から約140メートル）が完成
1966（昭和41）年	1月	古都保存法（古都における歴史的風土の保存に関する特別措置法）公布
1967（昭和42）年	4月	鶴岡八幡宮境内（段葛を含む）が国史跡に指定
1973（昭和48）年	10月	若宮大路が「日本の桜名所一〇〇」に選ばれる
1986（昭和61）年	8月	若宮大路が日本の道一〇〇選に選定

平成時代

年	月	出来事
1993（平成5）年	10月	建設大臣から、若宮大路と周辺地区が「都市景観大賞」受賞
2004（平成16）年	4月	「日本の桜名所一〇〇 若宮大路」の碑が大巧寺入り口横に建立
2006（平成18）年	1月	若宮大路の未指定区域（歩、車道）が国史跡に追加指定。八幡宮社前から海岸橋交差点までの若宮大路全体に指定範囲が広がる
2014（平成26）年	11月	段葛全面改修工事開始
2016（平成28）年	3月	段葛全面改修工事終了

年表参考文献一覧

『吾妻鏡』
『鶴岡八幡宮寺社務職次第』
『史跡鶴岡八幡宮境内保存管理計画書』（鎌倉市）
『史跡若宮大路保存管理計画策定報告書』（鎌倉市）
『図説鎌倉年表』（鎌倉市）
『鶴岡八幡宮寺』（貫達人、有隣堂）
『鶴岡八幡宮年表』（鶴岡八幡宮）
『鎌倉同人会100年史』（鎌倉同人会編）
『日本史年表』（歴史学研究会編）

源頼朝には、鎌倉を平安京と同じように都市設計する意図があった。
京の都の中心は大内裏であり、鎌倉の中心は幕府を司る源氏の氏神、
鶴岡八幡宮である。
そして、大内裏に直結する朱雀大路は、鎌倉最長にして最大の直線道路・
若宮大路（段葛）に他ならない。

（犬懸坂祇園）

若宮大路の設計

十王岩より若宮大路と相模湾を望む

撮影：原田 寛

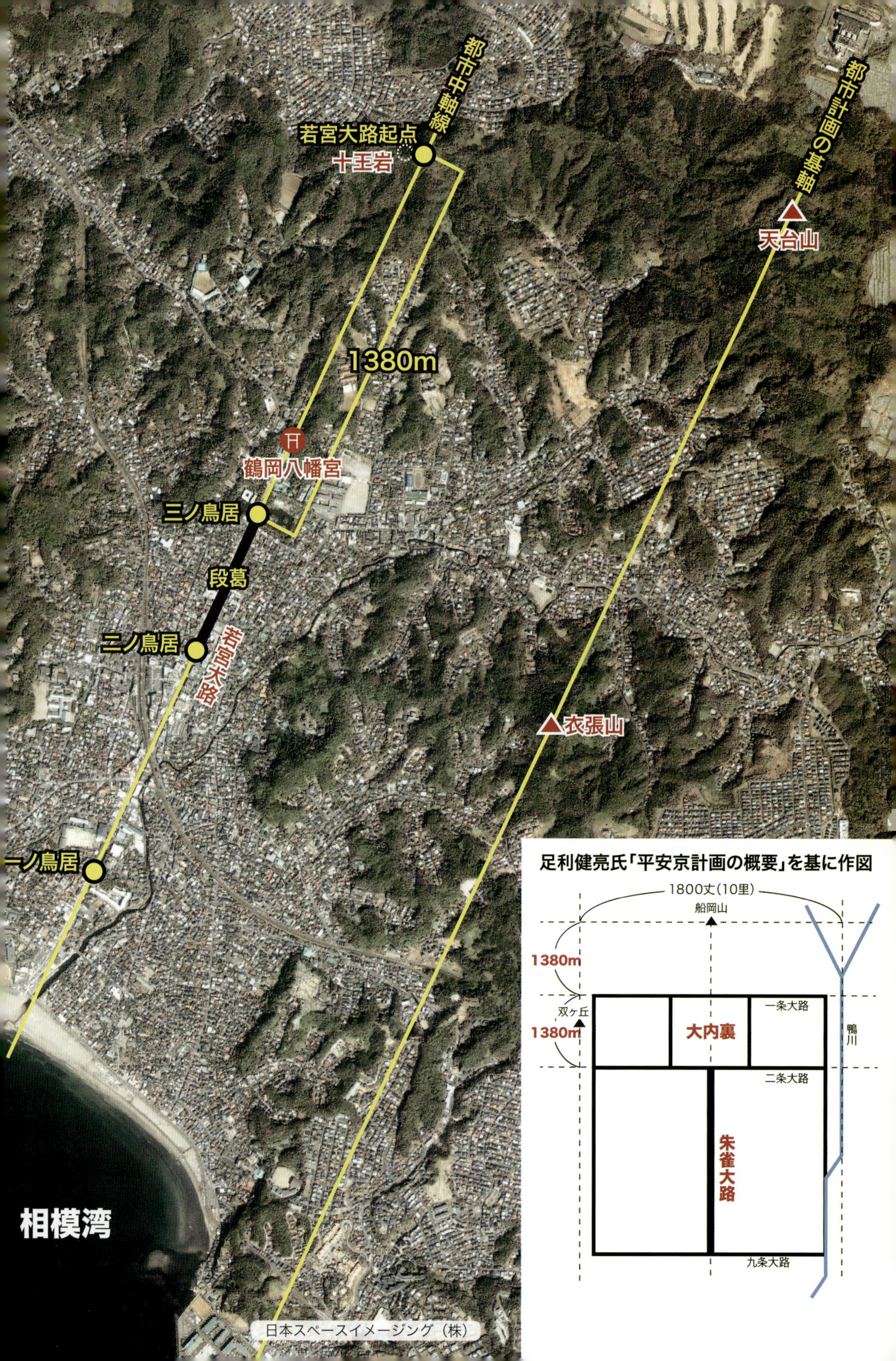

足利健亮氏「平安京計画の概要」を基に作図

若宮大路の設計

馬淵 和雄（考古学・中世）

天園ハイキングコースを東から入って西に歩き、覚園寺方面に降りる分岐点を過ぎてしばらく行くと、左手に向かって少し戻るかたちで道がある。この道を5分ほど登った右上方に、畳2畳ほどの岩が衝立のように立っている。その岩は「十王岩」と呼ばれ、鎌倉に面した側には三体の坐像らしきものが彫られていることがわかるが、風化がひどく、それらが何であるかはもはやわからない。江戸時代の地誌『鎌倉攬勝考《らんしょうこう》』によれば、閻魔大王・如意輪観音・地蔵菩薩の三体で、「わめき十王」と呼ばれているという。「十王」の呼称は閻魔大王に由来するのだろう。岩の隣にある展望台に立って鎌倉市街地を見おろすと、若宮大路は短い1本の筋にしか見えないが、それは真っ直ぐこっちに向かっており、延長線は立っている私たちのすぐ左下の足元に届くようだ。実際その延長線は、十王岩からほんの30〜40mほど東の山腹を貫く。そこに、はるかに遠い若宮大路の起点がある。閻魔たちは異界との境界を示す標識としてここにいるのである。

治承四年（一一八〇）10月6日、源頼朝は鎌倉に入った。9日、鶴岡八幡宮を由比浦から当時小林郷北山と呼ばれていた現在の場所に移した。二ヵ月後の12月12日、大倉に「新亭」（のちの「大倉幕府」）が完成したその日、鎌倉の中の道路を直線にし、地区に名前をつけた。それは頼朝なりの建都の宣言だったのかもしれない。翌養和元年（一一八一）7月、現在の鶴岡八幡宮本宮の場所に社殿の造営がはじまり、8月15日には遷宮の儀式がおこなわれた。養和二年（一一八二）3月15日、八幡宮社頭から由比浦まで若宮大路が真っ直ぐ通じた。それによって鎌倉は奈良時代以来の集落構造を脱し、中世都市としての新たな枠組みに移行したのである。

頼朝はどのような都市を実現しようとしたのだろうか。よくいわれるように平安京や平城京のような古代都城なのだろうか。それとも、その当時の京都における町構造の基軸となっていた下賀茂神社と鴨川に、鶴岡八幡宮と若宮大路を重ね合わせたのだろうか。

おそらく彼は、基本的には神社とその参道を作っただけだったのだろう。したがって、社殿とその前面に伸びる参道、そして向かって右手奥から流れ下る川という、神社を構成する主要な要素の配置が、風水思想に則って当然のように相似形になった。しかし、その際、同時に平安京の構図を意識した可能性が十分にある。というのも、八幡宮と若宮大路の設計に平安京と同じ数値が認められるからだ。

　鎌倉の造営計画をみる前に、平安京のそれを確認しておきたい。京の設計の基準になるのが市街地の北域にある船岡山（京都市北区紫野北舟岡町）である。景勝地として知られるこの山の上に露頭した岩塊は、正確に朱雀大路《すざくおおじ》の北の延長線上にあり、大路はここを起点に子午線に沿って南下する（杉山信三《のぶぞう》『よみがえった平安京』）。船岡山の岩から一条大路までは一四〇〇m弱で、これはおそらく平安京大内裏《だいだいり》の南北距離四六〇丈＝一三八〇mに等しい。そして南北軸線は、京域西辺にある双ヶ丘《ならびがおか》という丘陵の頂上と東辺の鴨川との間を等分割して設定されているという（足利健亮《けんりょう》「都城の計画について」『都城』）。

　鎌倉はどうだろうか。定規と鉛筆を手に、鎌倉市の全体地図を広げてみよう。一万分の一なら、距離がわかりやすくて好都合だ。

　まず、若宮大路の延長線を北に伸ばしてみる。すると今泉の山塊に突き当たるだろう。「天園ハイキングコース」の通るこの山稜の鎌倉側は、岩盤の露頭した急な崖になっている。この崖こそがおそらく、平安京船岡山の岩塊に比すべき、若宮大路の起点である。

　この地点と鶴岡八幡宮社頭を東西に通じる横大路との距離を測ってみよう。一万分の一の地図上では14㎝に少し足りず、二千五百分の一では55㎝をわずかに超えるはずだ。すなわち一三八〇m前後とみてよく、まさしく平安京における船岡山山頂の岩塊と一条大路間の距離に等しい。地図上の計測値であることを割り引いても、偶然というには一致しすぎる数字だといわねばならない。一条大路が大内裏北辺で、横大路が八幡宮南辺であるという違いはある。けれども、前者が京程の北端、後者が若宮大路の北端という、ともに都市の定点に当たる位置での距離が等しいという事実は無視できまい。意図的な一致と考えるほうが理にかなっていよう。鎌倉では地形的制約から距離を確保することができなかったので、やむをえず社頭の位置にしたのではないだろうか。鶴岡八幡宮に北辺のみ堀や築地のないのは、おそらくそのせいだろう。距離についてはいずれ精密な実測が待たれる。

　閻魔大王の像がここに彫られた理由もよく理解できる。彼らは彼岸に住む。この地点が造営計画の起点であるなら、当然その先は鎌倉の外である。鎌倉時代後期、十王信仰が全国的に高揚し、閻魔王やその本地である地蔵像がいたるところに置かれた。鎌倉でも市域の境界にあたるいくつかの場所に、異界標識として閻魔王をはじめとする十王像が見られるようになる。「十王岩」もそのひとつだったのだろう。

　では、若宮大路の主軸方位はどうやって決められたのだろうか。平安京では北方の任意の一点から子午線を垂らした。しかし鎌倉は平野部が狭く、子午線に添わせると南東で山に当たってしまう。当然地形に左右された方位を採用せざるをえない。そのとき、つぎのような独自の基線が存在したと推定される。

もう一度地図に目を向けよう。鎌倉市の東北部、瑞泉寺北方約五〇〇ｍに天台山という標高一四一ｍの山がある。その位置は鎌倉にとって鬼門に当たり、徳川光圀編纂の地誌『新編鎌倉志』では、平安京にとっての比叡山（天台山）に擬せられたものという。若宮大路主軸に沿って視線を南に転じると、大町一帯では最も高い衣張山《きぬばりやま》に行き当たる。標高一二一ｍのこの山は、名称の由来をめぐる伝説や、山麓からの中国竜泉窯《りゅうせんよう》の青磁大鉢の出土でよく知られている。さて、ふたつの山の頂上に定規を当て、線で結んでみよう。すると興味深い事実が浮かぶ。その線は正確に若宮大路に平行しているのである。しかも大路中心軸までの距離は、一三六〇～一三七〇ｍ。先に示した、十王岩脇の大路起点と横大路との距離にほぼ等しい。この事実もまた偶然ではあるまい。というのも、さきに述べたとおり、平安京においても京程の西端は双ヶ丘という丘陵の頂上を通り、それが南北の基軸となっているからだ。測量基準として、不動の自然地形ほど好都合なものはなかろう。

以上を整理すると、つぎのような設計方法が想定できる。

まず、天台山と衣張山の頂上を結ぶ線を引く。これは動かしがたいものだから、すべての基準となる。つぎに、この基線から一三六〇～一三七〇ｍ（一三八〇ｍか）西に平行した線を引く。これが若宮大路で、都市の中軸線をなす。この線を北に延長すると、鎌倉を囲む山稜の急峻な崖に突き当たる。そして、今度は逆にこの交点が起点となって、街に区画が設けられる。すなわち、平安京一条大路と同じ一三八〇ｍの地点に、大内裏に比すべき聖域、鶴岡八幡宮の南辺を画す東西の大路が設置されるのである。また、その後さまざまな局面で登場する陰陽師《おんみょうじ》の意見が、このときも重用されたにちがいない。

ここに浮かび上がってくるのは、高度な測量技術を持った技師たちの存在である。彼らは図師《ずし》または算師《さんし》と呼ばれ、中国伝来の算術により、天体観測による方位測定、直線を延伸する技術、高低差を測る技術などに長けていた。もちろんピタゴラスの定理はとうに知っていて、直角は簡単に作り出せた。広大な都城設計技術があれば、鎌倉の測量は決して困難ではなかったはずだ。

中世都市鎌倉の中心軸の造営は、このようにして始まった。このとき以来若宮大路は、しばしば鎌倉における子午線となるのである。

（『鎌倉地図草紙』より加筆転載）

近世からの段葛風景

明治初年（十年までの間と思われる）の段かつらである。両側の家並が写っているものは珍しく、恐らくこれ以外には見当らぬのではないかと思える。

もちろん土手には何も植えてないし（明治二十年代の初頭に梅の木を植えたのが最初だという）、刈ったばかりの麦が束ねて置かれていたり、むしろを拡げて何か干してあったりしている。通る人もなかったのだろう。

土手の両側にも何か干してあるが、これは駒つなぎの杭を利用して、その上に戸板を並べたものらしい。

中央の「KAMAKURA　鎌倉鶴ヶ岡」と書いた立札は、撮影者が場所を明示するためのもので、地元が立てたものではない。ローマ字が記してあるのは、外人にこうした写真の買手が多かったからだろう。（沢）

『鎌倉』第９号（昭和38年）口絵解説より

段葛［明治初期］

現在では鎌倉駅周辺
となっている辺りか
ら八幡宮までを望む
農村風景である。
中軸を結ぶ若宮大路
は動かない。

（犬懸坂祇園）

若宮大路遠望［明治 10 年代］（小坂氏 所蔵）

上／段葛と二の鳥居［明治末期～大正初期］『図説 鎌倉回顧』

下／段葛［大正初期］『図説 鎌倉回顧』

上／改修後の段葛［大正７年］『図説 鎌倉回顧』
下／絵はがき・二の鳥居と段葛［昭和初期］（高見氏 寄贈）

上／段葛［昭和 23 年 4 月］
（皆吉邦雄氏 撮影）

下／二の鳥居付近［昭和 22 年 4 月］
（皆吉邦雄氏 撮影）

段葛を行き交う人々

上／段葛［昭和 35 年 5 月］
（鈴木正一郎氏 撮影）

下／附属小学生の下校風景
［昭和 40 年 1 月］
（安田三郎氏 撮影）

（鈴木正一郎氏 撮影）

この写真の撮影場所付近の十王岩は、異界との境界を示す閻魔たちが居る場所である。ここを若宮大路の基点とみると、ここから直線1380m先に三の鳥居があり、さらに段葛を経て二の鳥居へと進む。これが、源頼朝が造営した中世都市鎌倉の中心軸である。

［若宮大路の設計　参照］

近世からの段葛風景：写真は全て鎌倉市中央図書館所蔵

鎌倉千年の歩み

段葛ストーリー

Dankazura

写真撮影　佐久間芳之

1 鶴岡八幡宮移転　——2年後に段葛造成

平治の乱で平家の捕虜となり伊豆・蛭ケ小島に流されていた源頼朝のもとに1180（治承4）年4月27日、後白河法皇の第二皇子・以仁（もちひと）王の平氏打倒を呼びかける令旨（りょうじ・命令書）が届いた。叔父・源行家が持参したものだった。

頼朝は武士の準正装の水干（すいかん）姿に改めると、男山方面に向かって遥拝したあと、令旨を開いた。男山は京都の西南にある山で、源氏の氏神・石清水八幡宮があった。頼朝が、挙兵を決意した瞬間だった。配流以来20年の歳月が流れ、頼朝は32歳となっていた。行家は甲斐・信濃の源氏に触れるため、すぐに北条をたった。

頼朝は8月17日深夜、平家の目代・山木兼隆を襲撃、兼隆の首を取った。初戦に勝利した頼朝は土肥実平、岡崎義実、大庭景義、佐々木定綱、北条時政ら300騎を従えて相模国・土肥郷（現、湯河原・真鶴町一帯）を目指した。8月23日、石橋山（現、小田原市）で平家方の大庭景親の3千余騎に行く手を阻まれた。背後には、伊東祐親の300余騎も迫っていた。

応援に来るはずだった三浦一族が、悪天候のために到着が遅れたこともあって頼朝軍は敗北。この戦いで義実の息子・佐奈田義忠、時政の嫡男・宗時らが命を落とした。箱根山中を逃げ回った頼朝は、実平の機転で安房国（現、千葉県）へ脱出することができた。

「およそ扈従（こしょう）の軍士幾千萬なるを知らず」。頼朝は10月6日、石橋山の合戦で敗れ、安房国へ渡ってからわずか1カ月余りで東国の武士団をまとめて鎌倉に入った。畠山重忠が先陣だった。鎌倉は、幕府樹立の拠点となった。

頼朝は翌日、鎌倉・由比郷（現、鎌倉市材木座）の鶴岡八幡宮（下若宮、現・元鶴岡八幡宮）を参拝。5日後の12日には、八幡宮を由比郷から小林郷北山の現在地に移した。源氏の嫡流であることを広くPRするための素早い措置だった。簡素な社（やしろ）だったため、翌年には新しく造り直す。新しい造営であるため、頼朝はこれを「鶴岡若宮」と呼んだ。

頼朝にとっては立派な建物だけではなく、それに見合う参道を造ることも当初からの計画であった。実現するのは鎌倉に入ってから2年後。「詣往（けいおう）の道」と呼ばれた。その際、段葛も同時に造られたとされる。鎌倉幕府が編さんした『吾妻鏡』に「若宮大路」の名称が出てくるのは1185（元暦2）年5月16日の記事である。同書では、若宮大路と段葛の区別がはっきりしない。

貫達人著『鶴岡八幡宮寺』は「諸説に共通していることは、若宮大路と段葛の区別がはっきりしていないことである。『鏡』でいう『詣往の路』は、大路と段葛の二つを含んでいると考えるべきであろう」と書く。

鎌倉のシンボル
鶴岡八幡宮

2 元鶴岡八幡宮建立 ——石清水八幡宮を勧請

桓武平氏の流れを汲む平忠頼の子の前上総介・忠常が1028（万寿5）年6月、下総国で安房守・平惟忠を殺して反乱を起こした。朝廷は検非違使・平直方らに忠常の追討を命じた。

元鶴岡八幡宮

直方が乱を鎮めることができなかったため、朝廷は1030（長元3）年9月、直方を召喚、河内源氏の始祖で甲斐守の源頼信に忠常追討を命じた。1031(長元4)年4月、忠常は頼信に降伏。3年にわたった乱は終わった。召喚された直方は頼信の嫡子・頼義を娘婿に迎えて、鎌倉の地を譲った。源氏と鎌倉との結び付きの端緒である。頼義と直方のむすめとの間には義家、義綱らが生まれた。

20年後の1051（永承6）年、陸奥国の俘囚（豪族）安倍頼時が国司に従わず、反乱を起こした。朝廷は頼義を陸奥守に任命して陸奥国へ派遣。頼時は降伏したが、1054(天喜2）年、頼時の子・貞任が頼義の営所を襲う。頼義は1057(天喜5)年7月、頼時を討った。頼時の子・貞任、宗任は抗戦。11月、頼義は貞任に敗れたものの、長子・義家の活躍で切り抜けた。

頼義は1062（康平5）年9月、出羽国の俘囚・清原武則の力を借りて貞任を衣川・鳥海・厨川（くりやがわ）柵で破り、貞任を殺害、弟・宗任を降伏させた。ここに、前九年の役は終わった。

源頼義は前九年の役で奥州平定を成し遂げた後の1063（康平6）年8月、京都の石清水八幡宮を由比郷に勧請（かんじょう）して八幡宮を建立。陸奥から帰京の途中だったとされる。これが鶴岡八幡宮の起源である。その場所は「鶴岡」「鶴ケ岡」と呼ばれた。『新編鎌倉志』に「由井濱下の宮の舊地を、昔し鶴が岡と云なり」とある。現在、材木座にある元鶴岡八幡宮といわれる。

大安寺の僧・行教の奏請により貞観年間に宇佐八幡宮を勧請して建立された京都・石清水（いわしみず）八幡宮は、頼朝の遠祖・頼信以来の清和源氏の氏神である。頼義の子・義家は石清水八幡宮で元服したために八幡太郎義家と呼ばれた。義家は1081（永保元）年2月に、由比郷の八幡宮の修理を行っている。

陸奥守・源義家は1083（永保3）年9月、奥州・清原家の内紛に干渉、真衡（さねひら）を支援して真衡の異母弟・家衡や清衡を打ち破った。後三年の役の始まりである。清衡は前九年の役で貞任らとともに殺された藤原経清と安倍頼時の娘との間に生まれたが、母が真衡の父・武貞（たけさだ）と再婚したため清原家に迎えられていた。合戦の際中に真衡が病死したことから情勢が変わった。義家は降伏した清衡、家衡を許し、奥六郡を二人に分け与えた。真衡の養子・成衡は廃嫡された。

2年後の1085（応徳2）年、今度は清衡と家衡が対立、相争った。家衡は清衡の妻子を殺害。義家は清衡を支援。翌年、義家は家衡が籠る沼柵（ぬまのさく）を攻めるが撃退された。それを見た叔父・武衡は、家衡支援に回った。合戦は泥沼化したが1087（寛治元）年12月、義家は家衡・武衡の砦・金沢柵を攻略、2人を殺害。ここに後三年の役は終結した。

父親の姓に戻った清衡は平泉に本拠地を移し、奥州・藤原氏の祖となり、中尊寺・金色堂を建立した。二代・基衡は毛越（もうつう）寺、三代・秀衡は無量光院を造り、藤原氏の黄金時代を築いた。

3 詣往の道 ——政子の安産祈願

「鶴岳の社頭より由比の浦に至るまで、曲横を直して詣往の道を造る」。1182（養和2）年3月15日の『吾妻鏡』はこう書く。鶴岡八幡宮の参道整備は源頼朝の日ごろからの念願だった。妻・政子の妊娠がわかり、安産を祈願して造営に着手したとも記している。

工事に際して、頼朝は「手づからこれを沙汰せしめたまふ」。北条時政以下も「おのおの土石を運ばる」。頼朝が監督し、時政らが汗を流しながら土石を運ぶ姿を彷彿させる。翌月には、八幡宮近くの水田が池に改修された。源平池である。

政子はこの年の8月12日、長男・頼家を無事に出産。翌日、畠山重忠、土屋義清、和田義盛、梶原景時らの御家人が護刀（まもりがたな）を献上した。御家人から贈られた馬は200余頭に及び鶴岡八幡宮、相模国一宮（現、寒川町の寒川神社）、大庭神館（かんだち）（現、藤沢市）、三浦十二天（現、横須賀市の十二所神社）、栗浜大明神（現、横須賀市の住吉神社）以下の諸社に配られた。

南北にまっすぐ走る道は「若宮大路」と呼ばれ、中央に築かれた参道が段葛である。八幡宮が内裏（だいり）、若宮大路は京都の朱雀大路（すざくおおじ）になぞらえられ、町づくりの基軸となった。

発掘調査によると道幅は33・6メートル、両側に幅約3メートル、深さ約1・5メートルの溝があった。溝の外側には柱穴の列があり、築地塀（ついじべい）の存在が推定される。明治初期の段葛・若宮大路の写真を見ると、通りに面する家々の入り口には溝に小さな橋が渡してある。

若宮大路（段葛）は繰り返された改修工事で、中世の姿は失われた。八幡宮に近い大路の両側には幕府施設や有力御家人の屋敷が並んでいたとみられる。北条泰時の館は大路東側の八幡宮に一番近い北側、和田義盛は反対、西側にあったとされる

『よみがえる中世③武士の都・鎌倉』に収められる松尾宣方氏の「段葛―大路の上のつくり道―」は「下馬周辺における各種の調査例から推して、この地域は河川域、あるいは湿地状の窪地が形成されていたと考えられる」と書く。「段葛築造工事は河川あるいは湿地であった場所に土石を運びこんで進められたのであろう」とも推測する。

室町時代に成立したとされる『浜出草紙』は「鎌倉と申すは、昔は、一足踏めば三町ゆるぐ、大分の沼にて候ひしを、和田、畠山、惣奉行を給はりし、石切（いしきり）、鶴の嘴（はし）をもつて、高き所を切り平げ、大分の沼を埋め給ふ」。

4 唯一残る存在 ――特殊な構造

若宮大路が整備された際、同時に造られたとされる段葛は、両側に縁石（葛石）を置き、その間を土で固めて周囲より一段高くなっている。この特殊な構造の参道は京都・大内裏の陽明門内にもあったといわれる。現在残っているのは鎌倉だけである。

「置道」「置石（おきいし）」「作道（つくりみち）」「置路（お

段葛［修復前］（浅田 勁 撮影）

幕末の段葛

英国軍人２人が殺害された
鎌倉事件の現場
（横浜開港資料館所蔵）

きみち）」「七度小路（しちどこうじ）」「千度壇」「千度小路」の名でも呼ばれた。『平家物語』には「八幡は鶴が岡にたゝせ給へり。地形、石清水にたがはず。廻廊あり、楼門あり。つくり道十余町見くだしたり」とある。

鎌倉時代以降の鶴岡八幡宮社務職の補任と事績を記した『鶴岡八幡宮寺社務職（しゃむしき）次第』や相模国に関する江戸時代後期の幕府官撰の地誌『新編相模国風土記稿』は、段葛は由比ケ浜、一の鳥居まであったとする。室町時代に作られた「善宝寺寺地の図」（相模原市津久井町、光明寺蔵）に描かれる「置石」は下（しも）の下馬（げば）橋までである。貫達人著『鶴岡八幡宮寺』は「段葛は最初から下の下馬までしか作られなかったと思う。下の下馬という名から考えても、その先にも下馬があるとは思えない」と書く。

「下ノ下馬より南は、発掘調査などから河川や湿地状の窪地が占めていたと考えられ、段葛が下の下馬以南まで延伸していた可能性は低い」。高橋慎一朗著『武家の古都、鎌倉』もこう推測する。

徳川光圀の命令で１６８５（貞享２）年、家臣の河井恒久、松村清之、力石忠一が編さんした『新編鎌倉志』には「社前より濱までの道、其中の一段高き所を、段葛（ダンカヅラ）と名く。又は置路（ヲキミチ）とも云なり」とある。鎌倉関係の資料で「段葛」が登場するのは、これが初めてである。

『鶴岡八幡宮寺社務職次第』には「七度小路」「置路」とある。室町時代成立の『殿中以下年中行事』（『鎌倉年中行事』、『成氏年中行事』）は「置石」。「千度壇」とあるのは『鎌倉大日記』。北条氏綱の八幡宮再建記録『快元僧都記』では「七度行（小）路」。戦国時代成立の『鶴岡御造営日記』は「作道」。「千度小路」は室町時代に万里集九（ばんりしゅうきゅう）が著した『梅花無尽蔵』に見られる。源頼朝は１１９４（建久５）年３月、「殊なる御願」により「三島社の千度詣」のために女房・上野局を派遣している。「千度小路」の由来と思われる。

西国では段葛の用語が鎌倉時代に使われていた。１２３２（貞永元）年閏9月13日の『春日社記録』の「中臣祐定記」に「壇カツラヲタゝミ、壁石ヲ立」とある。『春日大宮若宮御祭礼図』にも「壇かづら」が出てくる。鎌倉時代初期に源顕兼が編さんした説話集『古事談』は京都・大内裏東側の陽明門内の道を「置道」と呼ぶ。『愚昧記』『玉葉』『三條中山口傳』には「置路」がみられる。

これらは鎌倉文化研究会発行の『鎌倉』（9号）に収められる「段葛考」（白井永二）に詳しい。

段葛の幅は南端、二の鳥居付近が4・5メートル。八幡宮入口、三の鳥居に近くなるほど幅が狭くなり、北端部は

２・７メートル。遠距離感を出したとの説があるが、それを物語る資料はない。長年、改修を繰り返すうちに現在の形になったのではないかともいわれる。

段葛は源頼朝が造ったのではなく１２２５（嘉禄元）年、執権・北条泰時が御所を大倉から宇津宮辻子に移したのに伴い若宮大路を整備した際、新しく築いたのではないかとの見方もある。「若宮大路両側の溝はこの時期に幅約三メートル、深さ一・五メートルの木組溝に改められた。東西両溝の間隔は約三三メートルで、中央の段葛（置路）も新しく築かれたと思われる」。『武家の古都・鎌倉の文化財』（五味文彦監修）はこう書く。１２４０（仁治元）年10月10日、泰時邸で山内（やまのうち）の道路を造ることが審議され、10月19日に実施された。険しい難所で往来に苦労があったためである。この道は現在、巨福呂坂（小袋坂）と呼ばれている。

泰時は１２４１（仁治２）年４月５日、鎌倉と六浦（横浜市金沢区）を結ぶ道路・六浦（むつら）道の造成に着手した。泰時は現場で監督したので「諸人群集し、おのおの土石を運ぶ」。六浦道は現在朝夷奈（あさいな）切通と呼ばれ、亀ケ谷坂、仮粧（けわい）坂、極楽寺坂切通、巨福呂（こぶくろ）坂、大仏切通、名越切通とともに鎌倉７切通のひとつである。７切通のなかでは最も旧状を留める貴重な遺跡として知られる。これらは、泰時の首都整備の一環と考えられる。

5 段葛を渡る ——平宗盛父子連行

屋島の合戦に勝利した源義経は１１８５（元暦２）年３月22日、数十艘の船を率いて壇ノ浦を目指して船出した。前日には、周防国の在庁官人で船所を管理する五郎正利が数十艘の船を献上してきた。源氏軍の兵船が整い、平家の滅亡の日は近づきつつあった。

源平両軍は３月24日、壇ノ浦の海上で遭遇した。平家軍は５百余艘、源氏軍は８４０余艘だった。平家軍は３手に分かれて源氏軍と戦った。午の刻（正午ごろ）になって「平氏つひに敗傾（はいけい）す」。平時子は宝剣を持ち、按察局（あぜちのつぼね）は安徳天皇を抱いて海底に没した。８歳だった。平徳子は入水したが、渡部党の源五馬允によって熊手で引き上げられた。按察局も生き残ったが、安徳天皇はついに助からなかった。後鳥羽天皇の兄の若宮（守貞王）は無事だった。この海戦で平時子、教盛、知盛、経盛、資盛、有盛、行盛らが海底に沈んだ。平家の総帥の平宗盛・清宗父子、時忠、信基、時実らは捕虜となった。三種の神

大倉幕府跡

器のうち内侍所（ないしどころ・鏡）、神璽（しんじ）は無事だったが、宝剣が失われた。

義経からの合戦記録は4月11日に鎌倉に着いた。この日は、南御堂（勝長寿院）の立柱の儀式が行われており、頼朝はその場に臨んで監督していた。藤原邦通が頼朝の前にひざまずいて合戦記録を読み上げた。大江広元、藤原俊兼、惟宗孝尚らが近くに控えていた。頼朝はその記録を手に取り巻き戻すと、鶴岡八幡宮の方角に向かって座った。感無量で「御詞を発せらるるに能はず」だった。頼朝は立柱・上棟の儀式が終わり大工たちに褒美を与えたあと御所に戻ると、西海からの使者を呼んで合戦の状況を詳しく聞いた。

義経は5月初旬、捕虜となった宗盛、清宗父子を連行して鎌倉へ向かった。一行は5月15日、酒匂（現、小田原市酒匂付近）に着いた。頼朝が派遣した北条時政がそこで父子を受け取り、義経の鎌倉入りを禁じた。

親子は翌日、鎌倉に入った。宗盛は輿（こし）、清宗は馬に乗っていた。家人の源則清、平盛国らは騎馬で従った。父子は若宮大路（段葛）を経て横大路に入った。「観る者堵牆（としゃう・人垣）のごとし」だった。多くの庶民が見物に詰めかけた様子がうかがえる。『吾妻鏡』に「若宮大路」が出てくるのは、この時が初めてである。

鎌倉幕府が編さんした『吾妻鏡』は、父子が段葛を渡ったのか、その脇を進んだのかについて触れていないが、見物人が大勢だったことを考えると段葛だったと思われる。

御所の西の対屋（たいのや・離れ屋）が居所となった。夜になって、頼朝の命令で大江広元が食事を勧めたが、宗盛は手を付けず「ただ愁涙に溺るるのほか他なし」だった。既に死罪の勅許が下っていた。

宗盛らが送還される日が近づいた6月7日、頼朝は罪人の宗盛に直接対面せず、簾中からその姿を見た。宗盛は「ただ露命を救はしめたまはば、出家を遂げ仏道を求めん」と語るばかりだった。今更、死罪を許されるはずはなく、周囲は宗盛の潔くない態度を非難した。

義経は6月9日、頼朝の命令で宗盛父子を連行して京都へ向かった。宗盛は篠原宿（現、滋賀県野洲市）、清宗は野路口（現、滋賀県草津市）で処刑された。その首は、京都・六条河原の獄門の前の樹に懸けられた。

前年の1184（寿永3）年3月10日、一ノ谷の合戦で捕虜となった平重衡は梶原景時に伴われて出京した。頼朝は鹿狩りのため愛甲季隆らとともに伊豆に逗留していた。

28日、藍摺の直垂(ひたたれ)、引立烏帽子(ひきたてえぼし)姿の重衡に謁見した。

「弓馬に携はるの者、敵のために虜(とら)へらるること、あながち恥辱にあらず。早く斬罪に処せらるべし」。重衡の態度は堂々としていた。「聞く者感ぜずといふことなし」だった。4月8日に鎌倉に到着した重衡は、御所内の一軒の建物に収容された。重衡は、若宮大路を通って御所へ向かったと思われる。

重衡は20日、入浴を許された。『平家物語』によると、「よはひ二十ばかりなる女房の、色、しろうきよげにて、まことに優にうつくしきが、目結(めゆい)の帷(かたびら)に、そめつけのゆまきして、湯殿の戸をおしあけて参りたり」。そして言った。「此(この)女房介錯(かいしゃく)してあがりたまひぬ」。千手前(せんじゅのまえ)であった。頼朝は、千手前に重衡の身の回りの世話をさせたが、既にその命運は尽きていた。重衡は1185(元暦2)年6月9日、鎌倉をたって22日、東大寺に送られた。翌日、斬首された。

千手前は1188(文治4)年4月22日、頼朝の前で気絶、3日後の25日に死んだ。24歳だった。『吾妻鏡』によると、重衡が鎌倉に滞在中に「不慮に相馴(な)れ」、重衡が京都へ向かったあとも「恋慕の思ひ朝夕休(や)まず」だった。『平家物語』は重衡の死後、信濃の善光寺で「やがてさまをかへ」て出家。重衡の菩提を弔いながら、往生の素懐を遂げたとする。

6 源頼朝、西行と出会う ——鳥居の付近

源頼朝は1186(文治2)年8月15日、鶴岡八幡宮に参詣に向かう途中「鳥居の辺に徘徊」する老僧に出会った。これを怪しんだ頼朝は、梶原景季(梶原景時の息子)に名前を問わせたところ「佐藤兵衛尉憲清(のりきよ)法師なり。今は西行と号す」と答えた。

西行は鶴岡八幡宮で経をあげた後、頼朝の求めに応じて御所を訪れた。頼朝は歌道と弓馬について西行に尋ねると、西行は出家した時に兵法の書は燃やしてしまった。「罪業の因」となるのですべて忘れてしまった。歌道については「花月に対して動感するの折節」に三十一字を作るばかりで、全く奥深いことは知らないと答えるのみだった。

しかし、西行は頼朝の質問がなおざりでなかったので、

三の鳥居

弓馬については詳しく説明した。それは「終夜を専らにせらる（夜通し続いた）」。頼朝は藤原俊兼に西行の言葉を詳しく書き留めさせた。

西行は翌日、頼朝が強く引き留めたにもかかわらず御所をあとにした。その際、頼朝は「銀作（しろがねづくり）の猫」を贈った。「上人これを拝領しながら、門外において放遊の嬰兒（えいじ）に与ふ」。西行は、頼朝からの贈り物を惜しげもなく、遊んでいた子供に与えた。『吾妻鏡』にあるこのエピソードは作り話との説がある。

西行は重源との約束で東大寺再建費用の砂金を勧進するために奥州の藤原秀衡のもとに向かう途中だった。西行69歳、頼朝40歳だった。前年に平家が壇ノ浦で滅び、平家追討に功績があった義経が頼朝に追われている状況だった。頼朝と、やがて義経が逃げ込む秀衡との間には緊張感が漂う時代だった。

これ以前、頼朝は秀衡に「御館（みたち）は奥6郡の主、予は東海道の惣官なり。もっとも魚水の思ひを成すべきなり」としたうえで、今後、京都への貢馬、貢金はまず鎌倉を通して送るようにとの書簡を送った。頼朝の要求を受け入れるとの秀衡の請文（うけぶみ）は同年4月24日に鎌倉に到着している。

頼朝が西行と出会ったのはこうした状況下だった。奥州から砂金を奈良へ送るのには頼朝の了解が不可欠だった。「西行は頼朝からその保証を得る必要があり、そのため、わざと頼朝や旧知の御家人の眼にとまる辺を立ち廻ったものと、私は考える」。目崎徳衛著『西行』は、こう書く。

幕府御所が鶴岡八幡宮の東側にあったことを考えると2人が出会ったのは、現在の八幡宮入り口の三の鳥居付近だったと思われる。鳥居の下に立つと、真っ直ぐに由比ケ浜方面へ伸びる段葛を見通すことができる。西行は、この道を歩いてやってきたものと思われる。

頼朝が西行から弓馬のことを聞いた翌年の8月15日、鶴岡八幡宮で初めて流鏑馬が行われた。鶴岡八幡宮発行の『鶴岡八幡宮流鏑馬神事』は「当宮の流鏑馬神事は、将軍源頼朝公が全力を傾けて斎行したもので、云わば永く全国の流鏑馬神事の規範となった」と解説する。現在も毎年鶴岡八幡宮境内で行われる流鏑馬には西行の教えが流れているものと思われる。

西行は鳥羽院の北面として勤めていたが、１１４０（保延６）年に出家して西行と名乗った。歌集に『山家集』がある。

7 聖なる道——二所詣で

源頼朝は１１９１（建久2）年1月28日、二所詣での精進のため由比ケ浜に出掛けた。水干を着て馬に乗った。小早河（土肥）惟平が剣を持った。従者は北条義時ら50人に及んだ。海水を浴びた後、浄衣（じょうえ）に着替えた。二所は箱根権現（現、箱根神社）と走湯権現（現、伊豆山神社）のことである。

2月4日、頼朝が二所に向かった。辰の刻（午前8時ごろ）、横大路を西に行き、鶴岡八幡宮に参詣、奉幣後に出発。若宮大路を南に行き、稲村ケ崎で行列を整えた。先陣の随兵は下河辺行平、三浦義連、土屋義清ら30人。乗り換えの馬、征矢（戦陣に用いる矢）を負った童（わらわ）に続いて葦毛（あしげ）の馬に乗った浄衣姿の頼朝。そのあとに、浄衣・立烏帽子（たてえぼし）の北条時政・義時父子、三浦義澄、畠山重忠、梶原景時、佐々木盛綱ら有力御家人26人。後陣の隋兵は和田義盛、三浦義村、小早河（土肥）遠平、梶原景季、波多野義景、河村義秀ら30人。一行は、10日に戻った。

頼朝が初めて二所詣でを行ったのは１１８８（文治４）年1月20日。伊豆・箱根・三島社に参詣した。大内義信、源範頼らが従った。隋兵は３００騎に及んだ。義澄が差配して「浮橋（多数の小船を横に並べて綱・鎖などで結び、その上に板を敷いて橋としたもの）を相模河に構ふ」。二所詣での際は、合わせて三島社（現、三島大社）に参詣することが多かった。

2年後の１１９０（文治６）年1月15日にも頼朝は二所詣でに出掛け、20日、鎌倉に戻った。以後の参詣はまず三島・箱根に行ったあと、伊豆山（伊豆権現）から下向すると決めた。

これまでは、まず伊豆権現に参詣、途中の石橋山で石橋山の合戦で討死した佐奈田義忠、豊三家安（義忠の郎従）の墳墓を見て「御落涙数行に及ぶ」（涙を幾筋も流した）。これは参詣の途中でははばかられるべきだとの「御先達」の意見に従った。

二代将軍・頼家は将軍在任が1年2カ月と短かいうえ、

由比ケ浜海岸（松藤飛洋 撮影）

妻が比企能員の娘のため幕府権力が比企氏に移ることを恐れた時政らにうとまれたためか、二所に出掛けた記録はない。

弟で三代将軍・実朝は折に触れ、二所詣でに出掛けている。実朝は1207（建永2）年1月18日、精進始め。「潮に浴したまはんがために御浜出なり」。22日、二所へ出発。義時、時房、中原広元、安達景盛らが従う。27日に戻る。1212（建暦2）年2月3日には母・政子とともに二所に向かった。北条義時、時房、泰時が従い、8日に戻った。

実朝暗殺を受け、四代将軍になった藤原頼経もたびたび二所へ出掛けた。1240（仁治元）年8月2日、頼経が二所詣でに出発。まず、鶴岡八幡宮に参詣。鳥居の内にて遥拝。大勢の従者。3日に箱根権現。「衆徒ならびに供奉の人々延年す。おのおの芸を施し、相互に興を催さずということなし」。7日に戻った。

1244（寛元2）年1月21日にも頼経は二所へ出発。北条時頼が従った。22日、箱根。「衆徒と供奉人延年に及び、おのおの芸を施す」。23日は三島社。「将軍家ならびに供奉の人々、千度詣あり。その後管絃歌詠等の御遊に及ぶ」。24日、伊豆山に参る。「かの山の衆徒等、終夜延年の興を催す」。26日に戻る。

藤原（九条）頼嗣（五代将軍）や宗尊親王（六代将軍）も二所へ参詣している。

二所詣では年初の1月か2月に行われることが多かった。行程は5～7日が目立った。出掛ける数日前から由比ケ浜の海水を浴びて身を清めた。鶴岡八幡宮に参拝ののち「聖なる道」の若宮大路（段葛）を通って二所へ向かった。二所詣でには物見遊山の要素が含まれていた。

8 浜の大鳥居

―― 梶原景時が奉行

1181（養和元）年12月16日、鶴岡八幡宮の鳥居が立てられた。正長・永享年間（1429〜41年）に成立したとみられる鶴岡八幡宮歴代社務職（別当）の補任記『鶴岡八幡宮寺社務職次第』は「景時景義」が奉行で源頼朝が監臨したと書く。これは、浜の大鳥居と思われる。景時は梶原景時、景義は大場景義である。

景時は1187（文治3）年3月、源頼朝の面前で、土佐国の夜須行宗と壇ノ浦の合戦の功績について問答を行った。行宗に証人がおり、景時の主張は退けられた。景時は讒訴の科（とが）により、鎌倉中（特別行政区域の鎌倉）の道路の整備を命じられた。この鎌倉中の道路には、当然、若宮大路（段葛）が含まれていたと思われる。1194（建久5）年4月10日、鎌倉中の道路が造られた。景時が奉行だった。

景時は、1180（治承4）年8月の石橋山の合戦の時は平家方の陣にいた。敗走した頼朝の居場所を知りながら、「有情（うじやう）の慮（おもんばかり）」で、平家方の総大将・大庭景親の手勢を引き連れて傍らの峰に上って行った。この話は、『吾妻鏡』の作り話臭いが、その翌年の1月11日、景時は土肥実平に連れられて頼朝の前に姿を現した。その後の景時は、頼朝の懐刀として大活躍する。頼朝が死去すると運命は一転した。

結城朝光は頼朝が死んだ年の1199（正治元）年10月25日、御所での故人の供養の会で「忠臣は二君に事（つか）へざる」と聞いていると参加者に語った。その翌日、北条時政の娘・阿波局（あわのつぼね）が朝光に、今の世を非難したあなたは景時のかげぐちで殺されようとしていると告げた。ろうばい、悲嘆にくれた朝光は三浦義村に相談した。義村は、景時のおかげでこれまで多くの者が命を落と

浜の大鳥居跡碑

してきたとして、朝光に同情。義村は、和田義盛や安達盛長と方策を練った結果、景時弾劾状が作成された。

御家人66人が署名した弾劾状は10月28日に作成され、将軍・源頼家に披露するため大江広元に届けられた。広元は頼家への上申をためらった。和田義盛に叱責され、11月12日、頼家に手渡された。

弁明できなかった景時は翌13日、一族を率いて所領のある相模国一宮(現、寒川町)に引き下がった。その後、いったんは鎌倉に戻ったものの再び、鎌倉を追放された。年が明けた1200（正治2）年1月20日、景時は京都へ向かう途中、駿河国狐崎（現、静岡市）で、当地の御家人や幕府が差し向けた武士たちにより、一族とともに殺された。「鎌倉ノ本躰ノ武士」（『愚管抄』）はこうして歴史の舞台から消えた。阿波局が時政の娘、政子の妹であることから、この事件の仕掛け人は北条氏とみられる。司馬遼太郎著『三浦半島記』は「阿波局が、北条時政の娘であることを思うと、梶原景時の没落をねがう北条時政の謀略だったかもしれない」と書く。伊豆の小豪族だった北条氏が徐々に力をつけ、権力奪取に着手した最初の段階だった。

JR大船駅と江ノ島駅を結ぶ湘南モノレールの「湘南深沢」駅。その東側一帯が景時の根拠地・梶原山である。一画に、景時の先祖を祭るといわれる御霊神社がある。神社に隣接した鎌倉市立深沢小学校敷地の裏手のがけ下には、景時の墓と伝わるやぐらがある。相模一宮の景時の館は、JR寒川駅の近くにある。「梶原景時館址」には、小さな祠（ほこら）が建つのみだ。

9

安産祈願かなう ——連日の祝賀行事

源頼朝は日ごろから鶴岡八幡宮の参詣道の建設を考えていたところ、妻・政子の妊娠がわかったため、1182（養和2)年3月、安産も祈願して工事に着手した。「詣往の道」(若宮大路・段葛）である。

政子は8月12日酉の刻（午後6時ごろ)、長男・頼家を無事に出産した。加持祈祷を行い、霊験をあらわす験者(げんじゃ）の僧は専光房良暹、大法師観修、悪魔や妖気、けがれを払うため弓弦を弾き鳴らす鳴弦役（めいげんやく）は師岡重経、大庭景義、多々良貞義。上総広常が音がするやじりをつけて弦を鳴らして祈祷する引目役(ひきめやく）であった。戌の刻（午後8時ごろ)、比企尼の娘、河越重頼の妻が乳付（ちづけ）を行った。

日本の道100選の碑

14日には生まれて3日目のお祝いの三夜（さんや）の儀、15日は、経典の講義をする六斎の講演、16日は五夜の儀、18日に七夜の儀、20日は九夜（くや）の儀―と、連日、頼家誕生に伴う祝いの儀式が続いた。

頼家が12歳になった1193（建久4）年5月、頼朝は富士の裾野の巻狩りに出かけた。16日、頼家は、弓の名手・愛甲季隆の力添えもあり初めて鹿を射止めた。頼朝は、季隆をほめたたえた。頼朝は22日、喜びの余り、鎌倉の政子のもとへ梶原景高を遣わしてこのことを伝えた。政子は「武将の嫡嗣（ちゃくし）として原野の鹿鳥を獲たること、あながちに希有（けう）とするに足らず」とそっけなかった。頼朝の子煩悩ぶりと政子の性格がうかがえる有名な話である。その6日後に曽我兄弟による仇討事件が起きている。

二代将軍になった頼家は1203（建仁3）年3月10日、急に病気になった。翌日には回復した。5月19日、頼朝の異母弟の阿野全成（源義経の兄）を謀反の疑いで逮捕。全成は、政子の妹・阿波局（あわのつぼね）の夫である。頼家は尋問することがあるとして、政子に阿波局の身柄の引き渡しを要求した。政子は応じなかった。母子の決裂だった。

全成は頼家の命令で常陸国に流された後、6月23日、下野国で八田知家に殺された。7月16日には京都・東山で、全成の息子の頼全が在京の御家人に討たれた。背後で、北条氏と比企氏の間で、激しい権力争いが起きていた。

同年7月20日、頼家は再び病気になった。8月27日には特に危険な状態になったため関西38カ国の地頭職を弟で10歳の千幡（のちの実朝）に、関東28カ国の地頭ならびに惣守護職を頼家と若狭局（わかさのつぼね）の間に生まれた長男で、6歳の一幡に分け与えた。

これに対して、一幡の外祖父の比企能員は危機感に駆られ、娘の若狭局を通して、頼家に北条時政の追討を訴え、頼家も承諾した。能員は、頼朝の乳母であり、伊豆配流以来20年間にわたり頼朝を援助した比企尼の養子（甥ともいわれる）である。娘（若狭局）が頼家の正室とされる。

「障子を隔ててひそかにこの密事」を知った政子は、ただちに時政に知らせた。時政は9月2日、仏像供養を行うとの名目で能員を鎌倉・名越の自宅に呼び寄せると、天野蓮景と新田忠常に能員を殺させた。「誅戮踵（くびす）を廻らさず」。『吾妻鏡』は、能員が一瞬のうちに殺された様子をこう書く。と同時に、政子の命令で、北条義時、畠山重忠、三浦義村、和田義盛らが「雲霞のごとく」、比企一族が立てこもる小御所を襲撃した。ここに、比企一族は滅亡した。『愚管抄』によると、頼家は病気のため大江広元の家にいたため無事だった。

この事件については、さまざまな疑問が指摘されている。事件のわずか5日後の9月7日に、実朝が頼家の後任の征夷大将軍に任命されていることも手回しがよすぎる。政子が障子を隔てて、能員の時政追討計画を知ったというのも不自然だ。北条氏の比企一族滅亡計画はかなり早い時期から練られていたとの見方が有力である。

一幡の館（やかた）の小御所は、鎌倉・比企ケ谷の現在の妙本寺にあったと伝わる。境内右手の山裾に比企一族の墓があり、その前の庭に、この乱で死んだ一幡の袖を祭る袖塚がある。

１２０３（建仁３）年9月5日、頼家は和田義盛と新田忠常に時政殺害の命令書を送った。使者は、頼家に仕えていた堀親家だった。義盛はただちにその書状を時政に披露した。時政は、親家を工藤行光に殺させるとともに、翌6日には、忠常以下の新田一族を討った。

頼家は7日、「家門を治めたまふ事、始終もつとも危きが故に」、政子の「計（はから）ひ仰せらるるによつて」出家させられた。この日は、弟・千幡（のちの実朝）に征夷大将軍の宣旨（せんじ）が下された日でもある。29日、頼家は伊豆国・修善寺に送られた。先陣の隋兵百騎、次に女騎（めき）15騎、輿（こし）3張、小舎人童（こどねりわらわ）1人、後陣の隋兵は2百余騎だった。頼家は、自分の安産を祈願して造られた若宮大路を通って伊豆へ向かったと思われる。それは、死への旅路だった。

11月6日、頼家から政子と将軍・実朝に書状が届いた。それには「深山（しんざん）に隠棲して、あらためて退屈で堪えられないので、日頃召し仕っていた近習（きんじゅう）の参入を許してほしい。また安達右衛門尉（うえもんのじょう）景盛については、（その身柄を）申し受けて譴責を加えたい」とあった。頼家は以前、景盛の愛妾に恋慕して〝拉致〟したうえで、景盛を殺そうとして政子にたしなめられている。

審議の結果、頼家の要望は拒否、今後、書状を送ってくることも認めないことに決まった。その返答の使者として三浦義村が同日、修善寺に向かった。義村は10日、修善寺から鎌倉に戻り、頼家の様子を政子に報告した。それを聞いた政子は「すこぶる御悲歎」だった。

翌年の１２０４（元久元）年7月19日、頼家が前日の18日に修善寺で死去した旨を知らせる飛脚が鎌倉に到着した。『吾妻鏡』の記述は死の事実を伝えるだけでそっけないものだった。慈円の『愚管抄』は「修禅寺ニテ又頼家入道ヲバ指コロシテケリ」「頚ニヲ（緒）ヲツケ。フグリヲ取ナドシテコロシテケリト聞ヘキ」と書く。「修禅寺ノ浴室ノ内ニテ討レ玉フ」。『保暦間記』にはこうある。

花園天皇の代に成立、以後追筆されたとされる『武家年代記』は頼家の殺害について「平義時殺之」と書く。「実朝と義時と、ひとつ心にてたばかりけるなるべし」とするのは、後鳥羽天皇から後醍醐天皇までの事跡を記す『増鏡』である。承久の乱から室町幕府成立までを叙述の対象とした軍記物語『梅松論』、承久の乱の原因と顛末を描いた『承久記』は、北条時政が頼家を殺したとする。

渡辺保著『北条政子』は「北条の中の誰かが、ひそかに暗殺者を差し向けたと思うほかはない」。北条氏が刺客を送ったことは間違いないと思われるが、政子がそれを知っていたかどうかはわからない。頼家は23歳の若さだった。

頼家が殺害された直後、頼家の近臣の御家人が謀反を企てたとして、義時が派遣した金窪行親らによって討たれた。頼家の存在は、北条氏にとって危険な存在であったのだろうか。修善寺には頼家の墓と伝えられる史跡がある。

10 宝篋印塔は語る ——畠山一族滅亡

畠山重忠の嫡子・重保は１２０４（元久元）年10月、北条時政と牧の方との間に生まれた政範らとともに将軍・実朝の御台所を迎えるために上洛した。京都についた政範は11月５日、病気のために死去。16歳だった。同月４日、在京中の時政の女婿・平賀朝雅（ともまさ）の家で酒宴が開かれた際、重保と朝雅が口論する事件があった。

牧の方と時政は１２０５（元久２）年６月、重忠に謀叛の疑いがあるとして畠山父子の殺害を計画、息子の義時と時房に同意を求めた。２人は当初、重忠はこれまで北条氏に忠節を尽くしてきたことなどから反対したが、押し切られた格好。重忠の妻は、時政の先妻が生んだ娘で、義時らとは義兄弟である。武蔵の国にいた父子を鎌倉に呼び寄せる役は、妻が時政の娘で、重忠とは従兄弟の稲毛重成が務めた。

６月22日の寅の刻（午前４時ごろ）、鎌倉で騒動があった。軍兵が謀反人を殺害するのだといいながら先を争って由比ケ浜に向かった。重保も３人の郎従を率いて海岸へ急いだ。途中、北条時政の命令を受けた三浦義村、佐久満家盛らに取り囲まれ、戦いとなった。多勢の前に、重保主従はあえない最期を遂げた。

重忠は19日、武蔵国・菅屋館（すがやのたち）を出て鎌倉に向かっていた。22日の午の刻（正午ごろ）、武蔵国二俣川（現、横浜市旭区）で待ち受けていた義時、義村、時房、和田義盛らの軍勢と遭遇。「前後の軍兵雲霞のごとくにして、山に列（つら）なり野に満つ」状況だった。重忠に従う兵はわずか１３４騎。勝敗は、戦う前からわかっ

若宮大路に立つ宝篋印塔

ていた。重忠の奮闘ぶりは目覚ましかったが、愛甲季隆が放った矢に当たり、命を落とした。42歳だった。

　翌日鎌倉に戻った義時は、わずか百三十余騎を引き連れた重忠に謀叛の疑いはなかったと父を詰問した。時政は弁明できなかった。義時はこの日、義村らと組んで重成を討った。「義時という人物が歴史の表面に躍り出るのはこの瞬間である」（永井路子著『つわものの賦』）。

　閏7月19日、政子は、牧の方に、実朝を廃して朝雅を将軍にするとの謀叛があるとして、時政邸にいた実朝を義時邸に移した。時政は、兵を集めようとしたがかなわず、急きょ出家。翌日の20日、伊豆に送られた。代わって、義時が執権となった。26日、京都にいた朝雅も佐々木盛綱らによって殺された。この事件の背景には、武蔵の守だった平賀氏と在地豪族で総検校職の重忠との対立が指摘される。しかし、真の仕掛け人は北条氏だったのではないかとの見方がある。事件後の1207（建永2）年1月、義時の弟・時房が武蔵守となっている。

「私は北条氏が、武蔵の国をガッチリ掌握したいと考えていた、として誤りはないと思う。結果論的にいえば、考えていた、と言い切っても差支えない」。貫達人著『畠山重忠』はこう書く。「義時こそ武蔵の国をとりたかったのだとさえいえるかもしれない」とも。武蔵の国は、鎌倉を防衛する戦略的意味も持っていた。

　若宮大路の一の鳥居近くに重保の墓塔と伝わる石造宝篋印塔（ほうきょういんとう）がある。鎌倉市指定有形文化財で高さ3・4メートルを越える。基礎部分に「明徳第四　癸酉霜月　日大願主　比丘道友」と刻まれている。1393（明徳4）年に僧侶の道友が建立したことがわかる。この宝篋印塔が重保の墓であるとの確証はない。

　相模鉄道の鶴ヶ峰駅周辺には、畠山一族を祭った六ッ塚、重忠が首を斬られた場所だと伝わる首塚などが点在する。

11

主戦場は若宮大路
——和田合戦

泉親平が源頼家の遺児・栄実をかついで、北条義時を殺害するとの謀叛が1213（建暦3）年2月に発覚した。逮捕された者のなかに和田義盛の息子の義直、義重、おいの胤長がいた。翌月、義盛の将軍・実朝への直談判で2人の息子は放免された。胤長は首謀者として許されず、義盛の面前で後ろ手に縛られたまま二階堂行村に引き渡された。「義盛が逆心職としてこれに由（よ）る」。

胤義の屋敷は、3月25日、慣例に従いいったんは縁者の義盛に与えられた。4月2日、すぐに義時に取り上げられ、金窪行親と安東忠家に分け与えられた。「逆心いよいよ止まずして起る」。義盛は義時の挑発に乗って挙兵した。

鎌倉幕府始まって以来の大合戦は5月2日申の刻（午後4時ごろ）、和田方の150の軍勢が幕府御所、義時邸、大江広元邸を攻撃することで始まった。義盛の縁戚の横山一族との事前の打ち合わせでは、挙兵は3日の予定だった。義盛に味方をするとの起請文まで書いた一族の三浦義村と弟・胤義が土壇場で裏切り、義盛の挙兵を義時に通報したため攻撃が1日早まった。

横大路（現、鶴岡八幡宮・太鼓橋前の東西の道）を進んだ和田軍は御所の四方を包囲して攻め立てた。北条泰時らが防戦した。御所の建物はすべて焼け落ちた。若宮大路（段葛）の米町（こめまち）口（現、鎌倉市大町付近）では義盛の三男・義秀と幕府軍の間で激しい戦いが繰り広げられた。

鎌倉の各地で激戦が展開された。「天地震怒して相戦ふ。今日暮れて終夜に及び、星を見るもいまだ已（や）まず」。

和田氏の館があったとされる一帯

『吾妻鏡』は、戦いのもようをこう書く。将軍・源実朝は義時と大江広元に守られて法華堂に避難した。

明け方、力尽きた和田軍が海辺に退くと、泰時が軍勢を率いて若宮大路の中の下馬橋（現、二の鳥居付近）を警護した。米町辻と大町大路（今大路と若宮大路、小町大路を横断して名越切通しへ向かう幹線道路）で合戦が続いた。

寅の刻（午前4時ごろ）横山時兼以下の横山党が予定通り応援に加わると和田軍は勢力を盛り返し、再び激戦が繰り広げられた。時兼は横山時広の嫡男で、時広の妹は義盛の妻だった。時兼の妹は、義盛の嫡男・常盛に嫁いでいた。

若宮大路は泰時、北条時房らが防戦、町大路、名越、大倉も幕府軍が固めていたため、和田軍はなすすべがなかった。

この日の酉の刻（午後6時ごろ）に最愛の息子の4男・義直が戦死すると、義盛は「声を揚げて悲哭（ひこく）し、東西に迷惑」した挙句に戦死。67歳だった。他の息子たちも次々に討ち取られ、和田軍は敗北、一族は滅亡した。合戦の主戦場は若宮大路だった。この合戦の勝利で、北条氏の幕府権力は確立した。

12 若宮大路を往復

——三代将軍・実朝

鎌倉幕府の第三代将軍になった源実朝は１２０４（建仁４）年2月12日、由比ケ浜に出掛けた。供の北条義時以下は水干を着用。武士たちは狩猟用の野矢（のや）や征矢（そや）を携えた。北条時房、和田胤長、榛谷（はんがや）重朝、海野幸氏、愛甲季隆らが小笠懸（こかさがけ）、遠笠懸（とおかさがけ）で的を射た。実朝は桟敷で見学した。由比ケ浜は将軍の遊興の場でもあった。『吾妻鏡』は記していないが、その際将軍は当然若宮大路を往復したと思われる。

１２１４（建保２）年2月14日、実朝は遊覧のため杜戸浦（現、葉山町堀内の森戸海岸）で遊んでいる。長江明義が食事を用意した。小笠懸が行われ、壮士が射芸を披露した。日暮れになって、1隻の船で由比ケ浜から帰った。

実朝は官位昇進を望み、すでに正二位右中将に昇っていた。１２１６（建保４）年6月に権中納言に進み、7月に左中将を兼任するなど昇進を重ねた。見かねた義時は同年9月、大江広元を通して忠告した。実朝は「源氏の正統はこの時に縮（しじ）まりをはんぬ（源氏の正統は自分の代で途絶える）」と語るとともに「飽くまで官職を帯し、家

実朝の歌碑（鎌倉国宝館入り口横）

名を挙げんと欲す」。実朝は意見に耳を貸さなかった。

この年の11月、実朝は中国に渡ることを思い立ち、唐船を造ることを陳和卿に命じた。義時や広元がいさめたが、聞き入れなかった。1217（建保5）年4月、唐船が完成。御家人から数百人の人夫を差し出させ、由比ヶ浜に浮かべようとしたが「浮び出づるに能はず」。船は、むなしく砂浜で朽ち果てる運命となった。

1218（建保6）年1月、権大納言、3月に左大将を兼任。大将に任じられた実朝は6月27日、鶴岡八幡宮に参拝。一行は、御所の南門を出ると西に進んだ。御家人が宮の中や道中を警護。実朝は八幡宮の橋の際に着くと、牛車から降りた。若宮大路には下の下馬橋、中の下馬橋、上の下馬橋の三カ所の橋があった。このとき、実朝が渡ったのは八幡宮入り口の上の下馬橋と思われる。上の下馬橋は赤橋とされる。

実朝の昇進は続き、同年10月に内大臣、12月2日に右大臣に任じられる。その拝賀の式が1219（建保7）年1月27日に行われた。実朝は酉の刻（午後6時ごろ）御所を出て鶴岡八幡宮に参拝。夜になると雪が降り出し2尺余り積もった。式が終わり退出したところを、「石階（いしばし）」でおいの八幡宮別当（長官）の公暁に殺された。28歳だった。

この時、公暁は、御剣役の源仲章も同時に殺している。御剣役は本来義時だった。八幡宮の楼門を入った時、義時は「心神御違例」となったためにその役を仲章に譲って退出していた。事件翌月の2月8日の『吾妻鏡』は「禅師（公暁）兼ねてもつて存知する」。義時が御剣役を務めることを公暁は前もって知っていた。公暁は、義時の暗殺も狙った。仲章が身代わりとなった。

事件直後公暁は、「今将軍の闕あり。われ専ら東関の長に當るなり」として、その準備をするようにとの使者を乳母夫（めのと）の三浦義村に送った。義村は迎えの使者を送るとの伝言を使者に託した後、ことの次第を義時に知らせた。義時は義村に、公暁の殺害を命じた。公暁は義村からの迎えが遅いので八幡宮の裏の峰を登り、義村の家に向かった。途中で義村の命令を受けた長尾定景に殺された。20歳だった。

実朝は翌日の28日、勝長寿院のそばに葬られた。首の所在が不明だったため、前日の拝賀の前の結髪の際に「記念（形見）」として宮内公氏に与えた鬢（びん）が代わりにひつぎに納められた。

実朝暗殺事件の真相は現在でも謎が多い。『吾妻鏡』でみる限り、官位昇進を望んだり、中国に渡る船を造ろうとして義時に批判されたりしたとはいえ、実朝と義時が鋭く対立した気配は感じられない。北条氏にとって実朝はシンボルであり、権力の存在を保証する「旗」であった。こうしたことから、義時が実朝を暗殺することは考えにくく、北条氏打倒を目指した義村の陰謀だったとの見方が説得力をもちつつある。

実朝は存命中に7回、二所詣でに出掛けている。そのたびに、武者行列が若宮大路(段葛)を行進したと思われる。実朝にとって大路は特別思い入れが深いストリートだったにちがいない。

13 政治の中心に ──幕府移転

源頼朝が幕府を構えた大倉御所は焼失するたびに同一敷地に再建された。1219（承久元）年12月の失火による焼失後は、同敷地には再建されなかった。この年の1月に将軍・源実朝が暗殺され、7月、2歳で鎌倉に下ってきた三寅（のちの将軍・藤原頼経）は、大倉にあった北条義時邸内南方に新たに造られた建物に入った。御所を焼け出された北条政子は三寅のもとへ移った。

1225（嘉禄元）年10月、幕府御所の移転について審議が行われた。陰陽師（おんみょうじ）も加わった議論の結果、若宮大路（段葛）方面への移転が決まった。この年の7月に政子が死去、頼経の将軍就任を翌年に控え、政治の一新を図るのが目的とされる。

政子の百か日の仏事が終わったあとの11月7日、工事を始める木作始（こづくりはじめ）が行われた。主要な部材を現場に置き、墨を打ち、手斧（ちょうな）で削る儀式である。建築の際、初めて柱を立てる立柱、柱や梁を組み立ててその上に棟木を上げる上棟は12月5日に行われた。12月20日、三寅は、新しく完成した御所に移った。

新御所は若宮大路と小町大路を東西に結ぶ宇津宮辻子（うつのみやずし・小路）に面していたことから宇津宮辻子御所と呼ばれる。若宮大路には直接面していなかったと思われる。翌日の21日、北条時房、泰時、三浦義村らが参加した評議始（評定衆が初めて政務を評定する儀式）が新御所で行われた。

これより2年前の1223（貞応2）年4月4日に京都をたち、同月17日に鎌倉に着いた『海道記』の作者は由

宇津宮辻子幕府の碑

比ケ浜の様子について「数百艘ノ舟、トモ縄ヲクサリテ大津ノ浦ニ似タリ。千萬宇ノ宅、軒ヲ双（ナラベ）テ大淀渡ニコトナラス」と書く。鴨長明とも源光行ともいわれる著者は「若宮大路ヨリ宿所ニツキヌ」。由比ケ浜、若宮大路一帯を彷彿させる文章である。

1236（嘉禎2）年3月、再び、御所を若宮大路に面した場所に新造することについて話し合われ、宇津宮辻子御所の北の隣接地への移転が決まった。4月2日に木作始、6月27日には寝殿以下の建物の立柱、上棟が行われた。8月4日、将軍・頼経が新造御所に移った。若宮大路御所である。5日には新造の評定所で、北条時房や泰時による評議始が開かれた。

『吾妻鏡』は、移転の理由についてなにも記していない。頼経が大病を患ったため、祟（たた）りをなす宇津宮辻子を離れる必要があったとの説がある。将軍が外出する際、御所はメーンストリートの若宮大路に直接面している方が好ましかったのではとの見方もある。若宮大路に幕府が移ったことで政治の中心地は若宮大路に移った。

宇津宮辻子御所と若宮大路御所は同一区画内にあり、呼び方が異なるだけとの指摘もある。「宇津宮辻子の御所というのは南の通りの宇津宮辻子を主として呼んだものであり、若宮大路の御所というのは西の通りの若宮大路を主として呼んだだけのことではなかろうか」。『鎌倉市史　総説編』（鎌倉市発行）はこう指摘する。

14 俗臭に満ちたストリート ——好色の家

三浦泰村、光村、家村兄弟や一族は1241（仁治2）年11月、若宮大路（段葛）の下（しも）の下馬（げば）橋（現、下馬四ッ角付近）西側の「好色の家」（遊女がいる家）で酒宴を開いていた。道をはさんだ東側では結城朝広、小山長村、長沼時宗らの一族が遊興にふけっていた。

その最中、朝広の弟・朝村が遠距離に的を懸ける遠笠懸（とおかさがけ）を行なおうとして由比ケ浜に向かった。門を出たところ犬が現れたので、犬に向かって矢を射た。矢は的を外れて三浦一族の宴席に飛び込んでしまった。矢の返還をめぐって家村と朝村が争いになり、双方の間が不穏な状態となった。

騒ぎを知った執権・北条泰時が後藤基綱、平盛綱を派遣したところ騒ぎは鎮まった。翌日、家村と朝村は幕府への出仕を止められた。泰時は泰村と朝広・長村を呼びつけて「向後の事、殊に謹慎せしむべき（以後は特に慎むように）」と命じた。

幕府は1251（建長3）年12月、鎌倉の大町・小町・米町・亀谷（かめがやつ）辻・和賀江（わかえ）・大倉辻・気和飛坂（けわいざか）山上の7カ所を小町屋（商業区域）に指定した。小町屋に指定された米町、大町は下の下馬から由比ケ浜に向かった東側にあり、西側を含む一帯には庶民の町が形成されていたとみられる。周辺には飲食店があり、武士や八幡宮の参詣者、庶民の遊興の場があったと思われる。

若宮大路は身分の高い人や神さまが渡る「聖なる道」といわれたが、海岸寄りは「俗臭にみちたメインストリート」（馬淵和雄「若宮大路─都市の基軸を掘る─」）に変わっていた。

鎌倉時代も現在と変わらず、折に触れて酒を飲む機会が多かったようだ。和田義盛が滅んだ和田合戦は1213（建暦3）年5月2、3の両日にわたって行われた。勝敗が決着した直後、幕府方の武士たちが北条泰時の屋敷に集まった。泰時は酒を振る舞いながら「飲酒においては、永くこれを停止せんと欲す（飲酒は、永く断とうと思う）」。その理由は、去る1日の夜、酒を酌み交わす会があった。翌日明け方（2日）に義盛が襲ってきたとき、無理に甲冑を着て騎馬したものの、二日酔いにより朦朧（もうろう）としていたので、今後は酒を断つと誓った。泰時は合戦直後だったので、のどを潤すために水を求めたところ、葛西朝清が小筒と盃を取り添えて勧めた。泰時は、誓いを変えてこれを飲んだ。「人の性（しやう）、時において不定（ふぢやう）」と反省した。今後は深酒を慎むと誓った。

北条時頼政権下の1252（建長4）年9月には鎌倉に沽酒（こしゅ）禁令が出された。保々の奉行人に調べさせたところ、民家にあった酒壺（しゅこ）の数は3万7274個であった。翌月には1軒に1壺だけ残し、残りは打ち壊させた。1264（文永元）年4月にも幕府は酒の売買を禁止した。

「下馬」の碑

15 攻撃軍が疾走 ――宝治合戦

北条時頼は1246（寛元4）年3月23日、経時の病状悪化を受けて開かれた「深秘の御沙汰」（秘密会議）で執権に就任。以降、北条氏の家督（得宗）の地位は時頼の系統に移る。これを不服とした名越流北条一門の名越光時は三浦泰村らとともに前将軍・藤原頼経を擁立して時頼討伐を謀った。時頼は事件を未然に防ぐと、三浦一族滅亡作戦に着手した。

年が明けた1247（寛元5）年に入ると、「羽蟻群れ飛び鎌倉中に充満」「光物飛行」「由比の濱の潮、色を変じ、赤くして血のごとし」などの流言が飛び交った。時頼による、三浦氏に対する心理作戦だった。3月16日には「鎌倉中騒動」したが、「暁更に及びて静謐（せいひつ）」となった。その後も、不気味な流言は続いた。

時頼の生母・松下禅尼の父で、出家して高野山にいた安達景盛が4月11日、鎌倉の時頼邸を訪れ、長い時間を過ごした。「内々仰せ合さるる事等あり」。『吾妻鏡』は、こう書くだけでその内容を明らかにしない。景盛は息子・義景と孫の泰盛を前に、「三浦の一党は当時武門に秀（ひい）で、傍若無人なり」と語り、それに対する備えがないわが子をしかりつけた。

5月13日、将軍・頼嗣の妻で、時頼の妹の檜皮姫が病死。時頼は服喪のためと称し泰村邸を訪れて1泊。泰村を安心させる作戦の一環だった。「泰村を一度は不安に陥れるのが時頼の作戦の第一段階で、次いで心底まで安堵させるのが、作戦の第二段階だった」。奥富敬之著『鎌倉北條一族』は、こう書く。5月21日には「若狭前司泰村独歩の余りに厳命を背くによつて、近日誅罰を加へらるべきの由、その沙汰あり」と書かれた札が、鶴岡八幡宮の鳥居の前に立て置かれた。

時頼の泰村に対する心理作戦はその後も手を変え、品を替え続けられる。時頼は5月27日、服喪のため再び泰村邸を訪れた。夜になると、鎧や腹巻で武装する気配を耳にした時頼はにわかに泰村邸から引き揚げた。泰村は「仰天度を失ひ、内々陳謝に及ぶ」。主導権は、完全に時頼が握っていた。臨戦態勢のなかの6月2日、佐原流三浦一族の盛時らが時頼の陣に加わった。「諸人これを感ぜずといふことなし」。敵側の有力一族が味方に加わったのである。

時頼は6月5日、和平の使者として平盛綱を泰村邸に送った。盛綱が帰った後、泰村は妻が用意した「湯漬（ゆづけ）」を口にしたが、一口で「反吐（へど）」をしてしまった。緊張は極度に達していた。直後、景盛が「ただ運を天に任せ、今朝すべからく雌雄を決すべし」と、息子たちに三浦氏攻撃を命令した。「宝治合戦」である。

安達泰盛、大曽禰長泰、武藤景頼、小鹿島公義以下の攻撃軍は甘縄の館を出撃すると門前の小路を東に向かい、若宮大路の中（なか）の下馬橋の北に到着。大路を北上、鶴岡八幡宮の三の鳥居近くの赤橋を渡り、八幡宮内の神護寺（神宮寺）の門外で鬨（とき）の声をあげた。時頼は、弟・時定を大手（正面）の大将として西御門の三浦邸（現、横浜国立大学付属中学校北隣とされる）の攻撃に当たらせた。金沢実時は若宮大路御所（幕府）を警護した。

法華堂跡に建つ源頼朝の墓

不意を突かれた泰村は源頼朝が祭られている法華堂に逃れて防戦に努めた。3刻（約6時間）で「箭窮（やきはま）り力尽く」状況となった。泰村以下５００余人はそこで自刃。三浦一族はこうして滅亡した。この事件は、時頼と景盛の綿密な連携作戦だった。

翌月の7月24日、御所をほかの場所に移転するための審議が行われた。10月14日に工事を始めるとの御家人あての奉書（命令書）まで出された。ところが10月14日の『吾妻鏡』は、移転計画が中止されたと記している。１２３６（嘉禎2）年に北条泰時が選んだ若宮大路御所以外の適当な場所は見当たらないというのが理由だった。この「幻の移転計画」について、松尾剛次著『中世都市鎌倉の風景』は「おそらく宝治合戦後の人心の刷新のためであろう」と書く。以後、幕府御所の移転はなかった。

16 ハレの舞台

——放生会で将軍が行進

流鏑馬（写真提供：鎌倉市観光協会）

後嵯峨上皇の第一皇子の宗尊親王は1252（建長4）年4月1日鎌倉に着いた。一行は片瀬宿（現、藤沢市片瀬付近）で行列を仕立てた。随兵、狩装束姿の武士の次に宗尊親王の輿（こし）。公卿、殿上人が続いた。稲村ケ崎から由比ケ浜の鳥居の西を経て下（しも）の下馬橋（現、下馬四つ角付近）に至った。ここで、輿を止めた。前後の供奉人は下馬した。

中（なか）の下馬橋を東に行き、小町口（中の下馬橋から東に進む道が小町大路と交わる地点とされる）から北条時頼の邸宅に入った。北条重時、時頼、政村らが庭に伺候していた。二日後の3日、前将軍・藤原頼嗣が鎌倉から京都へ送り返された。5日、宗尊を将軍に任ずるとの4月1日付の宣旨の案文（文書の控え）が鎌倉に到着した。宗尊は11月11日、若宮大路の新造の御所に入った。

親王は1253（建長5）年8月15日、放生会に参詣するため束帯姿、半蔀（はじとみ・物見窓が引き戸ではなく半蔀）の牛車で鶴岡八幡宮へ向かった。御所の西門を出ると、若宮大路を北に進み、赤橋の砌（みぎり・際）で牛車から降りた。先陣は武田政綱、渋谷武重ら10人。前駆、殿上人、公卿のあとに続いて将軍の御車。直垂（武士が公的な場で着用した上着）に帯剣の御家人が左右に従った。剣を持つ役人や調度懸、布衣（狩衣）姿の武士。後陣の随兵が続く。奉幣が終わると、回廊に移り、舞曲を見学。翌日の16日は、馬場で流鏑馬を見た。

鶴岡八幡宮で放生会が初めて行われたのは1187（文治3）年8月15日。放生会は魚や鳥を山野、池沼に放し供養する法会。宇佐八幡宮、石清水八幡宮でも8月に行われていた。源頼朝は平家を滅ぼした源氏の滅罪と平家の怨霊を慰めるために始めたとされる。源範頼、平賀義信、加々美遠光、安田義定、源広綱、小山朝政、千葉常胤、三浦義澄、八田知家、足立遠元らの有力御家人が従った。

この日は鎌倉で初めて流鏑馬が行われた。5騎が出場。的に当たらない射手はいなかった。流鏑馬は石清水八幡宮の放生会では行われなかった。八幡宮のメーン行事で、馬場には桟敷が設けられ、見物人が集まった。まさに「鎌倉武士の祭礼」だった。

放生会は1190（建久元）年からは二日間にわたって行われるようになった。奉幣、法会（法華経供養など）や舞楽は8月15日。16日は流鏑馬、競馬が行われた。

幕府御所が大倉から若宮大路に移ってからは、放生会に際して、将軍は若宮大路（段葛）を通って八幡宮へ向かったと思われる。それに付き従う御家人にとって、大路は京都の朱雀大路のように「ハレの舞台」だった。

17 七度小路——公方が詣でる

鎌倉幕府滅亡後の1335（建武2）年7月、北条高時の遺児・時行が中先代の乱を起こすと、足利尊氏は後醍醐天皇の許しを得ずに鎌倉に入った。尊氏は乱を鎮圧したあとも鎌倉に留まり、武蔵国の佐々目郷の年貢取り立て権などの領家職を鶴岡八幡宮に寄進した。

若宮大路(段葛)には下の下馬橋(米町口)、中の下馬橋(小町口)、上の下馬橋（赤橋）があった。1352（観応3、正平7）年9月、八幡宮小別当の大庭宮能が若宮小路（若宮大路）の3カ所の橋を造営したことに対し、尊氏は御教書を発令して賞賛している。

室町幕府を成立させた尊氏は鎌倉府を置き、東国を統治した。その長官は鎌倉（関東）公方（くぼう）と呼ばれた。初代公方には、二代将軍・義詮（よしあきら）の弟・基氏（もとうじ）が就任した。

公方は成長するにつれ室町幕府の将軍職を狙ったために将軍と対立したとはいえ、武門の神を祭る八幡宮に対する崇敬の念は強かった。永享の乱を起こし自殺に追い込まれた持氏のあとを受けて公方となった成氏（しげうじ）の八幡宮への信仰は特に篤かったようだ。

成氏は八幡宮へ社領を寄進し、毎年2月には7日間参籠するのが習わしだった。鎌倉府関係の武家の故実書である『鎌倉年中行事』は「七日ノ内ニ浜ノ大鳥居ヲ御廻アッテ御七度アリ」と記す。お百度詣でに通じるもので、段葛が「七度小路」と呼ばれるゆえんとされる。「足利成氏の頃は、毎年二月神殿に参籠の時、大鳥居を廻りて七度詣をなせるを例とす」。『新編相模国風土記稿』はこう書いている。

１９９０（平成２）年２月、若宮大路の修復工事の際、現在の一の鳥居より１８０メートル北方、大路の西側で鳥居の柱根が発見された。一緒に出た遺物から、北条氏康によって造られた大鳥居の跡である可能性が高いとされる。戦国時代の北条氏による八幡宮修造関係の記録『鶴岡御造営日記』によると、この大鳥居は氏康が１５５２（天文21）年４月12日に造った。『新編相模国風土記稿』は１５５２（天文21）年11月に着工、完成は１５５３（天文22）年４月12日とする。高橋慎一朗著『武家の古都、鎌倉』は、『御造営日記』による１５５２（天文21）年４月完成説を支持する。

その場所に、現在、石標が立っている。それによると、直径約１・６メートル。構造は芯材、中周（間）材（８個）、外周材（17個）からなる寄木造。各材は契（ちぎり）技法で結合される。地表下１・６メートルで南北方向に梁材が通っている。本体部はヒノキ材、結合材はケヤキ材である。貫達人著『鶴岡八幡宮寺』は「この位置が養和元年の浜の大鳥居の位置である可能性は強い」と書く。

１８７２（明治５）年、一の鳥居の並木敷から大鳥居の根部が地元民によって発見された。時の県令・陸奥宗光の手を経て、金沢文庫に寄託された。これも、浜の大鳥居の柱根の外周材と考えられる。

昭和二十年代半ばの段葛（皆吉邦雄撮影、鎌倉市中央図書館所蔵）

鶴岡八幡宮本宮

18 段葛整備 ——後北条氏も保全に力

足利尊氏は１３３６（建武３、延元元）年11月、後醍醐天皇に神器を光明天皇に引き渡させると、建武式目を制定して室町幕府を実質的に成立させた。翌月、後醍醐は吉野へ移った。南北朝の分立・動乱の始まりであった。

尊氏は源頼朝以来、武家政権の中心だった鎌倉に鎌倉府を置き、息子・義詮（よしあきら）を送った。１３４９（貞和５、正平４）年９月、将軍の後継ぎとして義詮を京都に呼び戻し、代わって義詮の弟の基氏を鎌倉に派遣して東国10カ国を治めさせた。尊氏は１３５８（延文３、正平13）年４月に死去。義詮が二代将軍となった。

１３６３（貞治２、正平18）年、基氏は越後・上野・伊豆の守護だった上杉憲顕を関東管領として招き、鎌倉公方の補佐役とした。以後、上杉一族がその役を世襲した。基氏は１３６７（貞治６、正平22）年４月に死去。氏満が鎌倉公方となり、鎌倉は東国の政治の中心として引き続き繁栄した。

京都では三代将軍・義満が１３７８（永和４、天授４）年３月、室町の「花の御所」に移り居館兼政庁とした。室町幕府と呼ばれるゆえんである。翌年には、氏満の将軍になりたいとの野心をいさめるために、上杉憲春が自殺している。義満は１３９２（明徳３、元中９）年閏10月、南朝・後亀山天皇と北朝・後小松天皇の間の講和を成立させた。60年近く続いた南北朝対立の時代は終わった。

鎌倉では１３９８（応永５）年11月、氏満が没して満兼が鎌倉公方となった。１４０９（応永16）年７月に満兼は病死、持氏が鎌倉公方となる。持氏は京都の六代将軍・義教と対立を深めた。関東管領・上杉憲実の忠告も聞き入れず、１４３８（永享10）年８月、永享の乱を引き起こした。持氏や息子の義久は自殺に追い込まれた。

永享の乱後、持氏の子の成氏（しげうじ）が鎌倉に入った。成氏は管領・上杉憲忠と対立、憲忠を殺した。幕府は成氏を討つために１４５５（享徳４）年６月、今川範忠を鎌倉に送ったところ、成氏は下総（茨城県）の古河に逃れ、古河公方と呼ばれた。鎌倉は東国の政治の中心としての面影を失い、衰退の道をたどった。

八代将軍・義政は１４５７（長禄元）年12月、古河公方を抑えるために弟・政知を関東に送ったが、伊豆の堀越に留まり堀越公方と呼ばれた。その堀越公方を滅ぼした伊勢宗瑞（北条早雲）は１４９５（明応４）年９月、小田原城の大森藤頼を追放。１５１２（永正９）年、早雲は三浦義同（よしあつ・道寸）の居城・岡崎城を攻め、道寸を住吉城に追い立て、その後を追って鎌倉に入った。以後、鎌倉は北条氏の支配下に入った。早雲は１５１２（永正９）年に築いたとされる玉縄城を拠点に１５１４（永正11）年、道寸が立てこもる住吉城を攻撃した。道寸らは三崎・新井城に退いた。早雲はさらに追撃、１５１６（永正13）年、三浦義同・義意（よしおき）父子を滅ぼした。

鎌倉の衰退ぶりを目にした早雲は「枯るる樹にまた花の木を植えそへてもとの都になしてこそみめ」と詠じた。八幡宮・相承院の供僧職・快元僧都が残した氏綱の八幡宮再建記録『快元僧都記』によるもので、早雲の復興への決意が読み取れる。早雲のあとを継いだのが氏綱だった。正式に北条（後北条）を名乗り、関東の政治の中心は小田原に移った。

１５２６（大永６）年12月、抗争状態にあった房州（現、千葉県）の里見実尭（さねたか）が鎌倉に乱入、氏綱と合戦となった。兵火によって鶴岡八幡宮の諸堂、末寺、神宝類はことごとく炎上した。

氏綱は１５３２（天文元）年から再建に着手した。『快元僧都記』によると１５３４（天文３）年、七度行（小）路（段葛）と下馬橋２カ所の修理の費用が勧進（募金活動）されている。この２カ所は下の下馬橋と中の下馬橋と思われる。

１５４０（天文９）年11月、八幡宮の上下宮をはじめ拝殿、回廊、楼門、赤橋、大鳥居などが再興され落成法要が行われた。氏綱、氏康らが参列している。段葛や下馬橋２カ所の整備も終わっていたと思われる。

19 段葛は下の下馬まで ——鶴岡八幡宮境内図

後北条氏は１５９０（天正18）年７月、豊臣秀吉によって滅亡する。天下を取った秀吉は鶴岡八幡宮に参拝すると、翌年５月に「鶴岡八幡宮修営目論見（もくろみ）絵図」を作り、徳川家康に八幡宮の造営を命令した。

「天正十九　五月十四日」の日付があるこの絵図（設計図）には秀吉の奉行の増田長盛、山中長俊、片桐且元の署名と

鶴岡八幡宮境内図（鶴岡八幡宮所蔵）

花押がある。八幡宮を視覚的に見ることができる唯一の画像資料とされ、北条氏綱の八幡宮再建の様子を知ることができる。

絵図によると、現在の本宮階段下右手の若宮の区画は本宮の面積より大きく、八幡宮の中核をなしている。東と西、南に門を持ち、2階の楼門まである「くわいろう（廻廊）」で囲まれている。１１８６（文治２）年4月、源義経の愛妾・静が源頼朝や政子の前で舞を披露したのはこの廻廊だった。入り口の「あかはし（赤橋）」を渡ると「内のとりい（鳥居）」があり、その横に「あたらしく（新しく）」とある。続いて「やぶさめ（流鏑馬）の馬場」と続く。

家康は１５９３（文禄２）年、残っていた7院に安楽など5院を復興させ12院とした。家康は１６０４（慶長９）年に八幡宮に参詣、建築を視察した。「目論見絵図」どおりになっていないと思ったようだが、１６１６（元和２）年4月に死去。

１６２２（元和８）年、徳川二代将軍・秀忠は八幡宮の造営を命じた。１６２４（寛永元）年から修造が始まった。完成したのは１６２６（寛永３）年であった。現在の若宮社殿はこの時に建立されたものである。秀忠は１６３２（寛永９）年1月に死去。その後の徳川歴代将軍も八幡宮の整備に力を入れた。

１７３２（享保17）年に作られた「鶴岡八幡宮境内図（享保境内図）」を見ると、南から鳥居、反橋（赤橋）、源平池、流鏑馬小路の順で描かれ、天正指図とは鳥居と赤橋の順序が異なっている。寛永初期の修造では南から鳥居、赤橋の配置で造られた。享保境内図は護摩堂、大塔、薬師堂といった仏教系の建物が目立つのが特徴だ。

享保境内図には「東」「西」「南」「北」が記されており、部分ではなく、八幡宮の全体図である。八幡宮入り口の三の鳥居から由比ケ浜の浜の大鳥居までの若宮大路はデフォルメ化、縮小化されている。両側は松の木が並び、段葛は下の下馬で終わっている。

八幡宮は１８６８（慶応４）年3月、太政官により神仏混交が禁止されるまでは寺と宮で構成されていた。建前上は宮が主であった。実際は、初代の円暁以来、僧侶である別当（社務・長官）が全体を統括してきた。

幕末の安政条約により横浜が開港されると、鎌倉は外国人遊歩区域となった。１８６４（元治元）年10月、英国陸軍第20連隊のボールドウイン少佐とバード中尉が下の下馬付近で攘夷派の浪人に殺害される事件が発生した。

20 一の鳥居

――重文に指定

鶴岡八幡宮の創建後の由来や社殿造営の次第を記した『鶴岡八幡宮創建幷将軍家御造営等々記』によると、浜の大鳥居はじめ3基の鳥居は寛永以前は木の鳥居だった。徳川二代将軍、秀忠の妻・崇源院が在世中、夢の中に八幡宮（八幡神）が現れて備前国（現、岡山県）の犬島に奇石があるのでその石で大鳥居を建立すべしと伝えた。

崇源院は長男で、三代将軍の家光にそれを伝えた。家光の在世中は実現しなかった。四代将軍・家綱が1668（寛文8）年8月15日、木造だった鳥居3基を犬島の花崗岩（御影石）で造った。

「それまで木造であったのが、この時石造になったと同時に、この建造が崇源院すなわち秀忠夫人の遺願であったことを知り得る」「寛永まで木造であったことが明らかであると同時に、岡山県犬島の石を用いたこと、また石造鳥居の建造は家光のときからの計画であったことを知り得る」。『神奈川県文化財図鑑』の解説である。鳥居の形式は最も一般的な形の明神鳥居で、安定感を持たせるため柱の根元は外に向かってやや踏ん張っている。

家綱が建立した一の鳥居の場所は1990（平成2）年の発掘調査で発見された「浜の大鳥居跡」より180メートル由比ケ浜寄りである。家綱が、180メートル海側に鳥居を移した理由は記録にない。湿地や海岸の埋め立てで海岸線が遠くなったため、鳥居を海に近づけたためであろうか。地形が変わったため、最も高い場所に移したとも推定される。長期間の放置で、元の場所が不明だったためとの指摘もある。

一の鳥居

江戸をはじめ各地に大きな被害をもたらした南関東大地震が１７０３（元禄16）年11月22日に発生。八幡宮の黒門や石垣が転倒した。「由井の浜に至るまでに、石の鳥居三基有。弐基は崩れて、壱基は落かゝりてあり」。

戸塚で地震に遭った下鴨神社の神職・梨木祐之（なしのきすけゆき）は、鎌倉に入った同伴者が見聞した様子を『祐之地震道記』でこう書く。１７３２（享保17）年に作られた「鶴岡八幡宮境内図」には八幡宮の全景と由比ケ浜までの若宮大路（段葛）が描かれている。地震で倒れた鳥居は再建されている。

１９０４（明治37）年、一の鳥居が特別保護建造物に指定される。１９２３（大正12）年9月1日の関東大震災で3基の鳥居は倒壊。１９２７（昭和2）年1月、三の鳥居を鉄筋鉄骨コンクリートで再建した。11月、二の鳥居も鉄筋鉄骨コンクリートで再建された。

「山はさけうみはあせなむ世なりとも君にふた心わがあらめやも」。源氏三代将軍・源実朝の歌を刻んだ碑が八幡宮境内にある鎌倉国宝館入り口右手に立っている。１９４２（昭和17）年8月、実朝生誕７５０年を記念して鎌倉文化連盟が建立した。その碑石は関東大震災で倒れた二の鳥居の柱石を利用したものである。

１９３６（昭和11）年4月、一の鳥居の再建工事に着工。損傷を免れた刻銘がある柱の部分はそのまま利用された。そのため、東方の柱は上部を二本継ぎにした。再建に当たってはできるだけ旧手法を踏襲。由緒を重んじ、不足の材料は岡山県・犬島から花崗岩を取り寄せた。4月に着工。8月、一の鳥居の改修が竣工。由比ケ浜から向かって右、東側の柱に「鶴岡八幡宮石雙華表」「御再興」「寛文八年戌申八月十五日」の文字が刻まれている。１９５７（昭和32）年2月、一の鳥居は重要文化財に指定替えされた。

21 路上に線路 ——若宮大路を電車が走る

江ノ電の大町—小町（のちに鎌倉と改称）間が１９１０（明治43）年11月に開業。これにより藤沢—小町間（約10キロ）が全面開通。蔵屋敷と小町間は若宮大路上を走った。源頼朝が「詣往の道（若宮大路・段葛）」を造ってから７３０年後、その路上に電車が登場した。

江ノ電は１９０２（明治35）年9月、藤沢—片瀬（現、江の島）間で営業を開始。１９０３（明治36）年6月に片瀬—行合、同年7月、行合—追揚。翌年の１９０４（明治

大正時代の江ノ電・鎌倉駅
（片瀬写真館撮影・所蔵）

37）年4月に追揚―極楽寺、１９０７（明治40）年8月に極楽寺―大町を開業させた。この開業は、大仏参拝という新たな需要をもたらした。

念願の大町―小町間が開業したのはそれから3年余りがたっていた。その理由は、１８８９（明治22）年に開通した横須賀線をいかにして横断させるかが課題だった。横須賀線の敷設に際して、若宮大路に土が盛られ土手が築かれた。その頂上には踏切が設けられた。

金子晋著『江ノ電沿線　今昔漫筆』は「うち（下馬の四ツ角）から見れば、すぐそのあたりから坂がはじまって、今のガードが頂点になり、また向う（八幡宮方向）側へ下っていた」との古老の話を紹介する。土手の傾斜で上れなかった荷車は、小遣い銭を貰った付近の子供たちが押し上げたとのエピソードもある。

江ノ電は平面交差を主張。鉄道院（現、ＪＲ）は立体交差を譲らなかったために調整に時間がかかった。結果は鉄道院が工事を行い、レンガのガードを設けることで決着した。１９２７（昭和2）年5月、鎌倉同人会が横須賀鎮守府の許可を得て発行した地図によると、江ノ電はガードのやや海岸寄り、御成小路が若宮大路と交わる付近から若宮大路に進入。大路上には蔵屋敷と小町駅が設けられた。蔵屋敷駅はガード下付近。小町駅はＪＲ鎌倉駅東口正面、産女霊神（おんめさま）と呼ばれる大巧寺（だいぎょうじ）前だった。

ＪＲ鎌倉駅東口の正面を突き当たった場所で、すぐ左手は二の鳥居である。線路は、二の鳥居近くまで伸びていた。鎌倉町役場が隣接していたが、１９６２（昭和37）年2月に焼失したため、現在地に移転。その跡に建てられたのが現在の鎌倉市生涯学習センターである。小町駅は１９１５（大正4）年9月、「鎌倉駅」と改称された。

昭和初期には、「納涼電車」が登場。「屋根はテント張り、窓ガラスは全部取払った潮風利用の省エネ・アイデア車両であった。サービスガールの車内販売も行われた」。『江ノ電80年表』（江ノ島電鉄）は、こう書く。

１９３４（昭和9）年、鎌倉文士の久米正雄らがフランスの謝肉祭を参考にしたとされる鎌倉カーニバルが始まった。戦争で中断を余儀なくされたが、１９４７（昭和22）年に復活、１９６２（昭和37）年まで続いた。カーニバルでは、山車や仮装パレードがレールが敷かれた大路上を行進した。

『開通75周年記念　湘南を走る江ノ電』（江ノ電百貨店）は「江ノ電電車の石だたみの敷かれた若宮大路を、人力車や馬車や、町の人々の長く続き流れる賑やかな行列は、今考えると、まことに当時の鎌倉の夏を表徴する風物詩ではあった」と、当時の風景を描く。

敗戦直後の地方鉄道法の適用や鎌倉市からの交通保安、都市計画事業の観点から、若宮大路上の併用軌道の移設を求められた江ノ電は、鎌倉駅を現在の横須賀線鎌倉駅西口の隣接地に移転することになった。それは、以前からの課題でもあった。

鎌倉駅西口への乗り入れは１９４９（昭和24）年３月１日に実現。１９１０（明治43）年以来39年間敷設されていた大路上のレールは撤去された。大路にはその足跡がないため、鎌倉駅の厳密な設置場所の特定は難しい。江ノ電鎌倉駅の昇降場は１９４７（昭和22）年ごろ、北側、二の鳥居方面にやや移動したとの記録（ＪＴＢ発行『江ノ電―懐かしの電車名鑑』）がある。

22 両側に玉石を築く——現在の形に

鶴岡八幡宮総裁・筥崎博尹（ひろただ）、図書・大沢錦二は１８７１（明治４）年５月、「鶴岡八幡宮境内絵図面」を作成した。八幡宮の領域を確定させることが目的で、段葛・若宮大路が境内であることを示している。

絵図によると、八幡宮に向かって伸びる若宮大路の両側には松の木が立ち並び、周辺は「畑」となっている。人家は見られず、田園風景である。筥崎は「正覚院」の供僧だったが、還俗して総裁となっていた。１８８２（明治15）年に八幡宮の初代宮司となる。

『写真集明治大正昭和鎌倉』（澤壽郎著）掲載の「明治初期の段かづら」の写真を見ると１８７７（明治10）年ごろの段かずらには木は一本もなかった。家々の入り口の溝には小さな橋が渡してある。道のところどころに駒つなぎのくいがある。江戸から明治時代にかけての鎌倉は大寺院が所在することを除けば地方村落と変わりなく、鎌倉時代の繁栄から断絶していた。

１８７８（明治11）年、二の鳥居までの段葛が官有地に編入される。１８８９（明治22）年６月、横須賀線が開通。二の鳥居以南の段葛が失われた。『武家の古都・鎌倉』（神奈川県立歴史博物館）収録の写真によると、鎌倉駅は農地の中に横たわる風情。１９０５（明治38）年、日露戦争戦勝記念として県知事から段葛に桜の植樹許可が下りた。１９１２（明治45）年、大日本種苗が八幡宮に桜の苗木５００本を奉納。１９１３（大正２）年３月、段葛に桜

再生した段葛（浅田 勁 撮影）

158本の植樹が認められた。

陸奥広吉、黒田清輝以下10人が発起人となり1915（大正4）年1月5日、社会貢献団体「鎌倉同人会」が設立された。緊急に行う事業として「若宮大路松並木の保護」など5件を申し合わせた。5月、松の保護に着手。保護した老松は98本。補植した松は10本だった。

1917（大正6）年1月、段葛の境内地編入が許可される。鎌倉同人会主導で、八幡宮が段葛の改修に着工。翌年完工。旧跡保存費として県の補助金1300円。八幡宮は256円を負担。同人会は300円を寄付。9月30日、台風のために大小90本以上の松が倒れたり傾いたりした。同人会は65円を支出して松80本の復旧工事を行った。

『社務日誌』によると1918（大正7）年3月25日、段葛修繕工事が完成。積み石が積み直され、土手に桜とツツジが植えられた。同人会は枯れたり老木化した桜を、逐次新しいものに植樹する活動を続ける。修理前に比べると、土手がかなり高くなっている。現在の桜並木の原形になったとされる。

1923（大正12）年9月1日の関東大震災で若宮大路の両側、下馬から二の鳥居までの松並木はほとんど焼失。1925（大正14）年同人会は、松の若木100本を若宮大路に植える。

1935（昭和10）年6月、若宮大路は当時松の並木敷きとなっていた部分のみが国史跡に指定された。『昭和

の鎌倉風景　竹腰眞一写真集』に収められる１９４９（昭和24）年から１９５０（昭和25）年ごろの写真では一の鳥居付近の若宮大路は未舗装で、左右は松の木が茂っている。１９５３（昭和28）年ごろは三の鳥居から二の鳥居へと続く段葛は、現在のような高さがなく、車の往来もほとんどない。

１９６１（昭和36）年6月1日発行の広報「かまくら」の1面は「段かつらの修理１４０メートルが完成」「玉石で土手づくり」「12月には全部できる予定」の見出しで、段葛の改修工事の記事で埋まっている。

それによると、工事は1期と2期に分かれて行われた。総工費は約6百万円。費用は、県と市と八幡宮とがそれぞれを負担し、工事は鎌倉市が行った。「今までの土手の両側に玉石をきずいています。参道もいくらか高くし、歩きいいように整地し、水はけもよくなるような工事の仕方です」。「第一期工事は、赤橋（タイコ橋）の方から見て約百四十メートルの部分」。「第二期工事は、残りの部分ですが十二月頃までには完成する予定」と書く。

「今までの段かつらは、ずいぶんよごされていました。バスでくる観光客は、土手をかけあがるし、市民の中にも桜の木にイヌをつなぐ人がいたし、注意書の立札はこわされるし、このままではどうなるのかと心配されていました」。添えられた写真説明には「玉石をきずき、リッパにできあがった、三の鳥居付近の段かつら」とある。この記事を読む限り、段葛の両側はそれまでは土手で、この時に初めて現在の姿のような玉石が築かれたことがわかる。

１９６７（昭和42）年4月、八幡宮の境内（段葛を含む）が国史跡に指定された。若宮大路が「日本の桜名所一〇〇」に選ばれたのは１９７３（昭和48）年10月。

１９８６（昭和61）年8月、日本の道一〇〇選に選定。

１９９３（平成5）年10月、建設大臣から若宮大路と周辺地区が「都市景観大賞」を受賞。

２００６（平成18）年1月、若宮大路の未指定区域（歩・車道）が国史跡に追加指定。指定は１８７１（明治4）年5月、筥崎博尹によって作られた「鶴岡八幡宮境内絵図面」に基づいて行われた。八幡宮社前から海岸橋交差点までの若宮大路全体に指定範囲が広がった。現在の若宮大路は主要地方道、横浜・鎌倉線である。

主な参考文献

『全譯吾妻鏡』（新人物往来社）
『現代語訳　吾妻鏡』（五味文彦・本郷和人編、吉川弘文館）
『日本史年表』（歴史学研究会編、岩波書店）
『鶴岡八幡宮寺』（貫達人、有隣堂）
『鎌倉の史跡』（三浦勝男、かまくら春秋社）
『国史大辞典』（吉川弘文館）
『中世都市鎌倉の風景』（松尾剛次、吉川弘文館）
『武家の古都、鎌倉』（高橋慎一朗、山川出版社）
『鎌倉市史』（鎌倉市）
『鎌倉新聞』（神奈川新聞社）
「段葛考」（白井永二、『鎌倉』第9号）

『鎌倉』より

段葛考

白井　永二

一

鶴岡八幡宮の社頭から由比浜に到るまで真直に築造された参詣道は、吾妻鏡に於いて「若宮大路」と書かれ、源頼朝の鎌倉経営にあたって早くから計画し、やがて施行されたメインストリートであることは、今更云うまでもない。この若宮大路について、其の後、色々な称呼が諸書に見られるようになり、種々の考究が行なわれて来たが、その名称を分類すると大凡二分することが出来よう。即ち一つは、「千度小路」「千度壇」「七度小路」「七度行路」などであるが、これらは参詣道としての機能に基づいて居り、記録としては室町期に多く見られる。今一つは、「置石」「段葛」などであるが、これは道の特殊な構造に基づいた称であり、記録では前者は室町期、後者は江戸期を経て現在も猶呼ばれているものである。これらの典拠はいずれも新編相模風土記稿に挙げられているが、其れ以外の属目のものを参考に拾って見る。

〔殿中以下年中行事〕

赤橋ノツメ、左右ノ置石ノ際ニ

――享徳三年――

〔鶴岡御造営日記〕

作道左右共ニ掃除スベキ事

――天文十三年六月十三日――

〔鎌倉公方御社参次第〕

置石の道に八幡宮に向て幕をひき

――永禄元年四月八日――

など、「作道」「置石の道」と云う名も見られる。江戸期になると「段葛」の外に「置路」と云う称呼が見える。「新編鎌倉志」の流布に依ったものと思えるが

其の中の一段高き処を段葛と名く。又は置路とも云なり

と云うのを、諸書は踏襲したようである。これら江戸期の記録で「新編相模風土記」に

今俗に段葛《太牟可都良》と唱へり

とあるのと、「鎌倉紀行」に

往古来今称置路

とあるのが注目される。

段葛は正式の文書や記録には見られなかったが、「俗に」とあるので民間の詞として人の口に唱えられていたものであることが理解される。「鎌倉紀行」は京都の文人戸田它石子なる人の文であるが、実地に聞き採って、昔から今も「置路」と

称していると書いたものであろう。

二

以上が諸書に見られる若宮大路の別称であるが、今これらの名称の起源について考えて見たい。称呼は云うまでもなく、多くの人の理解と承認とを得なければ通用しないものであるから、常に歴史を内包すると共に機能や構造をも示すことがあるからである。

若宮大路は云うまでもなく、頼朝によって由比浜にあった八幡宮を移した当初の「鶴岡若宮」への参詣道としての称呼であったろう。それが同時に鎌倉の主要路であり、都市計画の中心路でもあったので、京都と比肩して幕府の公称として通用し、昔から今日まで公式に称えられているものと考えられる。

「千度壇」「千度小路」あるいは「七度小路」については、千度詣、七度詣などの特別な祈願をするために、千度・七度の参詣を行なった道であったからであろう。千度詣は、建久五年三月五日（吾妻鏡）に

為三島社千度詣、被差進女房上野局、殊御願也

とある。頼朝の心願は何であったか。鎌倉の場合ではないが、当時の習俗を伺うことが出来る。百度詣も盛んで、文治五年八月十日（同書）に

今日於鎌倉、御台所以御所中女房数輩、有鶴岡百度詣、是奥州追討御祈請也

又仁治二年七月六日（同書）に

北条左親衛、同武衛等、於鶴岡上下宮有百度詣、是祖父息災延寿御祈禱云云

とある。奥州征討、泰時の健康祈願に百度詣が行なわれたのである。千度詣は鶴岡社頭で行なわれた記録文書は見つからないが、千度も百度も当時諸社でも行なわれた習俗であった。政子が数人の女性をつれて行なった百度詣などは、戦時中一家総出で百度を踏んだ民俗と全く同じで、二人ですれば五十回ですむと云う数え方をしたとすれば、久しい民間伝承であるとも云える。千度詣・百度詣と共に千日参籠・百日参籠、或いは千度祓・百日祓等祈願の態度に依って、数多い日数と度数とを重ねたものであって、千度小路の名はこの参詣に基づいたと考えられる。

七度小路も七度祓・七日参籠などの古い習俗と共に七度詣の祈願の形式に基づいた名であろう。

応永六年二月（鶴岡事書案）に

佐々木殿七度被申時、慈月坊社参折節見合申云云

又宝徳・享徳の頃の設定である公方年中行事（鎌倉公方年中行事）に、毎年二月には

八幡宮ニ十七日御参籠、七日之内ニ浜ノ大鳥居ヲ御回リアリテ御七度アリ

と見え、又「快元僧都記」の天文三年十一月二十二日の条に

橋本九郎五郎、七日被参、今日結願

とあって、七日の参籠に七度の参詣の事が、室町時代にはしきりに行なわれたらしい。ここで注目されるのは、七度詣が、浜の鳥居を廻って行なわれたことである。若宮大路が七度詣の通路として殆んど全域がそれであったことがわかる。七度小路・七度壇の名はこれではっきりするわけで、同時に千度詣・百度詣の通路も推測される。現在でも多くの社に見られる百度石は、それと社殿との間を往復して参拝するわけで、この一定距離が浜の大鳥居と社壇との間であったのである。

三

「作道」に就いては、道が特に作られている現況に基づく呼び名で、具体的には「置石の道」であり、「置石」の施工による作り道のことであろう。「置石」は文字通り石の施工が特徴のあった道である。作り道が道を置いた感じに受取られたのであろう。「置路」を石を置いた道、即ち置石道の略語と云うより、その実況が道を置いたと見える形であったのだと思う。このように考えると、「置路」の名はそうした道路について云われた普通名詞の固定したものと理解しなければならない。

「古事談」第二の臣節の章に

宇治殿令参内給之間、陽明門内左近府前程也、置道之頭有大袋、秉燭之後也、人落歟云云

とある。京都の大内裏の東側にある陽明門は近衛の御門とも呼ばれ、左近衛府と左兵衛府とで守られている。この間の道に置路があったのである。また陽明門の南隣にある待賢門の内側にも置路のあったことが記録に見える。

この置路の構造や機能については、明確な記録を知り得ないが、鎌倉の置路の語もまた最初は普通名詞であったことがわかる。

「中山内府政始記」の長寛二年三月二十七日の条に

上卿、経置路上、至于陽明門、宰相中将並予、経置路北、自櫛笥辻以東、昇置路、於左兵衛府門前程又下、於同門東程下尻、（中略）上卿下置路、斜至陽明門南戸間云云

と見えるが、この置路について考えると、上卿は陽明門に至るまでは置路の上を歩行し、下位者の前駆乃至扈従は、内裏

より櫛笥辻までは置路に昇らず、置路の北側を歩行し、櫛笥辻から置路に昇ると云うことであろう。これで見ると置路は鎌倉の場合の如く、中央が一段高い道であり、その両側にまた平行路があったことがわかる。陽明門からの道は東西に走る道であるから、平行路はその南北両側に添っていたことになる。この道の歩行には又作法があった。位の上下によって、置路の上を歩く制度があったらしい。その事のなお精しい例が「三条中山口伝」に見える。

曰、陣中関白被参会者、定被立置路外歟（中略）又可令経置路外御也（中略）但親王不可令下置路御、納言已下前駆猶二行、主人可令経置路上也、殿上人、雖為英雄、惣不可有其儀、又曰自陣口至門内、法親王、大臣、公卿、侍臣等皆経置路上

こうした置路及び両側の道に関する故実は、長寛・仁安の平安末期に種々の説を生じ、又乱れ勝ちであったがために、このような記録がなされたのであろう。「上卿故実」には「九条殿流」と疑って、置路の北に降るべきか、南に降りるべきかの考証さえ見え、仁安四年二月二日には、「愚昧記」で諸卿が置路の作法を種々談じ合い、陽明門の場合と、待賢門の置路とでは礼が異なるべきである、などと記している。

又「玉葉」文治二年五月二十一日の条には、天皇の方違の行幸に、検非違使庁をして置路の勤仕を命じた記事があるが、その置路は何処の路か判明しない。

京都での置路については、平安期以降鎌倉期に記録に現われているように、宮廷で注目を受ける機能と形体とをもっていた。この置路は便宜作られたと云うだけではなく、礼法の兎角が云われるところからも、どうやらその造成には深い理由があり、云えば礼を発生せしめるに到った。古くは尊者の通路と云う機能のあった印象を猶残しているように思える。道での出あいが、身分の高下によって礼を必要とすることは理解出来るが、その道の中央に一段高い通路即ち置路を造る理由は、その礼以前の必然さを推定せしめずには置かない。特定の尊貴の人のための通路であったものが、その代行者の通路からそれに準ずる人々の通り道と普遍化したものではあるまいか。

鎌倉の置路が出来たのは、頼朝の日来の素願であって、日を過ごして出来上ったものであり、その動機は生まれ来るべき頼家の安産祈願であった。この時道の曲直を直し、北条殿已下、各土石を運んで作ったのであるから、その道は置路であったろうと推定出来るが、日頃の願いであったと云うのは、都作りに当たって京都の置路が脳裡にあり、神の通路若しくは頼朝自らの参詣道として置路を考えていたのではなかった

ろうか。

更に推測を許されるならば、頼朝は右兵衛の佐として、幼時ではあったが、役所の近くでこの置路を見ていたであろうし、関東武士の有力者の多くも亦衛門府には上番勤務して、この道の事情を知見していたものと思う。置路の意義を見聞した人達が置路を作ったと云えるのである。

このように考えると、路の名は、記録に載ったのは新しいが、人の口には早くからのぼっていたものと考えてよいと思う。

四

普通の道の中に一段高く石を置いて作られた道——置路は、その作る工程と構造とに於いて「置石」の印象が強かったに違いない。この石もしくは構造上の一部の石を「かつら石」と云ったのではなかったろうか。

余談になるが、「だんかつら」の名は、古来不明と云われていたのであったが、「だん—壇・段—」と「かつら」もしくは「かつら石」とが複合して熟した語として考えられると考えていた。かつら石を置いて一段高くした道と解するのである。昭和二十六年、県の文化財保護委員会が発足して、段葛が史跡調査の対象になった。この時も段葛の名称について質問を受けたので、熟語として成立つ可能性があると考えて、私案としてこの話をした。そして同時に段葛の資料の蒐めてあったものを御覧いただいた。その説と集録が、石野瑛氏に依って「神奈川県大観」—鎌倉三浦湘南—に発表されている。この時印刷された段葛の語義の解明はこの本が最初である。この時の話をそのまま著書とされている訳けで、更に段葛は「日本の国内において他にその例なく、おそらく世界の都市においても類例がないようである」(同書一二二頁)とあるのもそうである。これは昭和二十二年八月、実朝祭に際して「鎌倉時代の都市鎌倉」と題して、東大教授藤島亥治郎氏の講話にこの意味の話があり、段葛を大臣山に向う時構成される美観の説明と共に深く心に刻まれていたので、調査の時お話したのがこの文章になったのである。時に藤島博士は実際に世界を見て来られた権威者としてはっきりと「世界にも類がない」道と云われたのであった。

さて「だんかつら」が熟語として成り立つためには、どうしても類例若しくは類似の語の例証がなければならぬと考えていわゆる温めていたのであった。然しこの見当は大体間違ってはいなかったらしい。

「春日大宮若宮祭礼図」に「だんかつら」の用語がある。

その「春日若宮御祭礼略記」の章に、祭礼に参加する神人が興福寺の南大門下に集まり、夫々交名—名乗を上げる—する「南大門交名」に「だんかつら」を通って門に入ると書いている。記録は江戸期のものであるが、行事は古いものであるので、同社に勤める堀川雅堂氏に問い合わせた。その結果「壇かつらは縁石のことらしく、檀上又は石段の縁石をさしたものと考えられます。中の段は端ではありませんが、縁と同様に扱ったものと解釈いたします」と教示があった。同書の図によると、南大門の巾広い石段を三つに区切って端二筋、中二筋のいわゆる葛石が見られる。本座と新座と二行に並んだ田楽法師は夫々その中の壇かつら—葛石—を昇り、南大門に衆徒を中にして寺僧が両側に立っている上壇で、衆徒・寺僧の間を通って門内に入るのである。その石段の通路を「だんかつら」と云っていることがわかった。これは普通の石段にも見ることの出来る葛石である。興福寺・春日大社では江戸期までは、それを壇かつらと呼んでいた。構造上の普通名詞でもあったろうか。

　更に「春日社記録」一巻所輯の「中臣祐定記」の寛喜四年閏九月十三日の条に

　若宮御前水垣四面壇、南北ヲ唐人之作石ニ天壇カツラヲタ、ミ、壁石ヲ立てたが、新儀のことであったので、相談がまとまらず御前造石者、去貞応二年之比、寺僧之沙汰ニ天タ、ミ天、中爾壇ヲアラセタリ（中略）貞応二年九月爾畳石セシ寺僧ニ天候ヘバ、其時沙汰皆覚悟仕、（中略）鳥居ノキハ三重アリシハ今度一重ニナリテ、下五重ニナサレ畢、南北壇モ事外高ク成ル、木ノ根ヲ不切料也

とある。現在春日の若宮は西向の御社殿である。西に傾斜する山麓に建ち、四面石垣に依って全体が上壇の平面に鎮座する。この記事をこの状況に合わせて考えて見ると、この施工は或る程度理解が出来る。西側の山裾を東面に均せば、東と南北とには「作石」を要する。東に鳥居が立つ。南北には石組で「壇カツラ」を畳み、壁石を立てる。正面である東は、六重ないし八重の作石がたたまれたのであろう。正面だけはその上部の三重を一重にして低くしたためか、中に壇を高くして壁石を立てるためか、南北は殊に高かったのであろう。それを壇かつらと云ったらしい。若宮の社殿は承平の御鎮座であったが、壇かつらは鎌倉期の造作である訳けだ。作石—置石の仕様に依って出来たものを壇かつらと呼んだことがわかる。と共にこの名は江戸期以降生まれたものではなく、鎌倉期には用語として既に使用されていたものであることが知られる。

この用語は更に古く住吉大社でも用いられていた。住吉の例は、壇かつらを壇のかつら石の略語と考えてよい一例である。「津守国基集」に

住吉の壇のいしとりに、紀の国にまかりたりしに

と書出して歌の作られた前後の事情を記してある。それに依ると和歌浦の玉津島姫の霊夢によって、住吉神社の神主職津守国基は奇石に出遇い

いしづくりしてわらすれば、一度に十二にこそわれて侍りしか、壇のかつらは（ママ）しにかなひ侍りにき

と求むる石を恵まれた。これは流布本に依ったのであるが、「かつらはし」は最初の書出しと照応しない。国基の子孫津守通秀氏は住吉大社に務めて居られるが、同家の伝本には「かつらいし」の伝本があるだけだと云う。流布本は恐らく「ハ」「い」の誤写で、「かつらいし」が正しいと思う。

住吉社は平安期には二十年目毎の造替が行なわれ、古式の社例に従っていた訳けで、国基は承保元年・嘉保元年の二度の遷宮に奉仕した長命の歌人でもあった。この記事はこの両度のいずれかの時のものである。

住吉社は現在も古風な堀立式の建築で、柱の下に礎石を置くのみである。従ってこの壇のかつら石は何処に用いたものであるか不明であるが、本社の南面にある石舞台の用石ではなかったか。しかしここに壇のかつら石を用いたと云う証拠は見当たらない。いずれにしても石作りの専門用語に留らず、文学者の用語としても使用されて、壇かつらと熟して来る形がわかる。

住吉の壇の石と壇のかつら石との関係、春日の畳石と壇かつらとの関係、鎌倉の置石と壇かつらとの関係は、夫々相互に語義と構造とを理解するのに役立つであろう。更に今日の建築にも使われるかつら石の構造はこの考究を支持してくれよう。

五

置路として全体に一段高い道の両側に、かつら石を壇にたたんだ道を、だんかつら—段葛—と云う呼び方が古くからあったと考えられる。部分の名であったかもしれないし、工作者の称呼であったかもしれないが、決して後世生まれた新たなる命名ではなかったと思う。「鎌倉市史」の総説編に、高柳光寿博士が

大路の中央に二列に堤を築いて、一筋の道路を三筋としたもので、その堤の脚部に石を置いたから

置石と呼んだと云う説明は正しい。その中央の道は置路でも

あったから、一段高いものであったと思う。それは現況でもそうである。

昭和三十七年一月二十日、下水道工事で段葛の西側の堤の北端から約五米の路面を掘った。その際堤の脚部を支えるように基部から二列に石積が出てきた。丁度材木座の和賀江島の遺跡に見られると同じように虫穴のある所謂どたん石や、貝殻の付着した伊豆石などが沢山あった。精しく云うと、現在の路面より一米下に五糎ないし三糎の厚みに砂が敷かれ、その下に十糎ないし十五糎は黒色の川石の混ったどたん石の砕石層、次に二十糎程上記の石群が敷並べられ、其の下は五糎ないし二糎の海砂の層であった。この砂の層から、さざえや巻貝類、常滑風の土器の破片が混って出ていた。工事で路面を深く掘ったのは西側堤の正面までで、更に左の段葛路面及び東の堤の脚部は実見出来なかったが、土器などから鎌倉期の工作の跡と推定されるものであった。路面から一米も下である点は如何なる理由か判断に苦しむけれども、源平池も弦巻田であった鎌倉草創期には、或る程度の深さからの基礎工事が必要であったのではなかろうかと思う。一段高い路が、京都風に置路であったとしても、鎌倉の風土から考えて、ここでは特に両側の田圃から隔離するための必要から行なわれたその基礎工事と見られる。

西側の堤の基礎と同様に東側の基部もまた作られていたかどうかは、湿潤の度合に依って相違もあろうかと思うが、恐らくこのように段葛の置石が為されていたことは高柳博士の云う通りであったろう。「殿中以下年中行事」に享徳三年の記事に見えた「赤橋ノツメ、左右ノ置石ノ際ニ」直衣、烏帽子姿の二十騎が左右に分かれて公方の通るのを待っていたのは、この置石で作られた堤のことである訳けである。

置路は二筋の道を両側に付し、中に一段高い道が作られたもので、置路の両端は置石をおき、かつら石で畳んで堤の型をなしていた。これが段葛であったろう。

以上段葛の名称について雑考を試みた訳けであるが、なお、全長の問題や全体の構造等精細には不明の点が残る。が、一応名称の上から類型を求め、理解の道をたどることが出来た。この結果特に注意を喚起したいのは、この形態の道路を鶴岡八幡宮の参道として頼朝が造作した意味は色々に考えられようが、要するに当時の特殊の形態として京都にもあったこの道が、現在鎌倉にのみ残され、中世の特異な道路の典型を見ることが出来ると云う点である。段葛は頼朝造営と云う歴史的事実と共に、道路史上の貴重な資料として更に広く考究さるべき価値を有しているものであった。

『鎌倉』は鎌倉文化研究会により現在百二十一号まで刊行されている鎌倉研究誌であり、「段葛考」は昭和三十八年四月、その第九号にて掲載されました。著者の故白井永二氏は、当時の鶴岡八幡宮宮司です。

父の残した『鎌倉』

鎌倉長谷寺山主　竹石元美

鎌倉長谷寺の第三十一世住持であった、父善譽耕美上人が当山に晋山したのは昭和二十九年のことと聞きます。その住山間もない父が、当山の復興事業と併せいち早く手がけた事柄のひとつであったのが、鎌倉文化研究会の発足とその賛助でありました。当時、鎌倉市図書館の館長でいらした故沢寿郎氏を発行兼編集人として迎え、鎌倉を愛する同人が集い、郷土研究雑誌として『鎌倉』が創刊されたのは約六十年前の昭和三十四年五月のことでした。

その記念すべき第一号の編集後記に沢氏は「さて今度のこの『鎌倉』であるが、同好相寄った鎌倉文化研究会の仕事として、季刊で発行する。各人それぞれの専門または好むところにまかせて、コツコツ調べたり集めたりした、鎌倉に関するものを載せて行く。これまで活字にされなかった資料もできるだけ活字にして残して行きたい。パラパラと見てすぐ屑屋へ渡されるようなものだけは作りたくない。」と述べておられます。鎌倉を想う篤き志と、幅広い交流によって支えられてきた雑誌『鎌倉』は現在もなお刊行を重ね続けており、その灯《ともしび》はこれからも絶えることなく、さらに輝きを増していくでしょう。

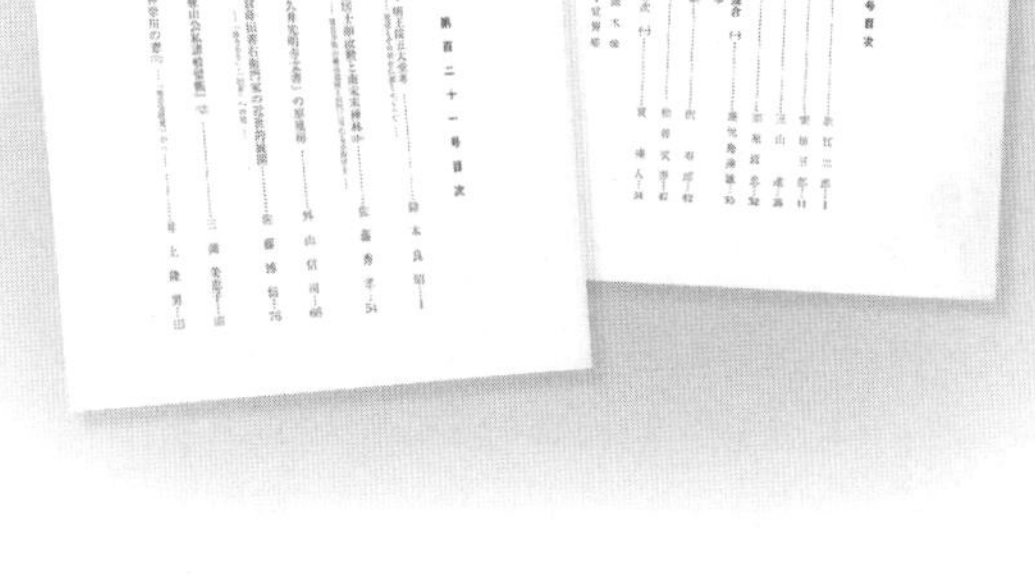

「段葛考」が発表された前年の昭和 37 年、二の鳥居前に据えられた狛犬 (安田三郎氏　撮影)

昭和28年　鎌倉在住の文化人は…

朝比奈 宗源	臨済宗円覚寺管長	山ノ内
秋山 孝之輔	日本専売公社総裁	材木座
吾妻 徳穂	舞踊家	小町
秋好 馨	漫画家	山ノ内
荒川 修一郎	北鎌倉高女校長	山ノ内
朝香 孚彦	元宮家	極楽寺
伊藤 安吉	元男爵	山ノ内名月谷
石橋 湛山	元蔵相	大町
池田 清	元司法大臣	大町
池田 仲博	元侯爵	長谷
池 真理子	歌手	山ノ内
石平 綾子	女子大校長	材木座
石塚 友二	作家俳人	極楽寺
石井 光雄	元勧銀総裁	極楽寺
石原 俊	日産自動車部長	長谷
今村 寅二	挿画家	長谷
今泉 孝太郎	慶大教授	二階
市川 小太夫	俳優	和田塚
磯部 利右エ門	鎌倉信用金庫理事長　前市長	材木座
井川 邦子	俳優	扇谷
伊東 深水	日本画家	山ノ内
生駒 実	日本郵船副社長	雪ノ下
岩波 雄二郎	岩波書房代表	小町
岩間 鶴夫	映画監督	大船
磯野 秋雄	俳優	雪ノ下
殖田 俊吉	元法務総裁	大町
潮田 江次	慶応義塾々長	長谷
内山 義一	八幡宮権宮司	雪ノ下
宇佐美 淳	俳優	大町
大塚 勝太郎	元貴族院議員	浄明寺
大泉 滉	文学座俳優	小町
大三輪 龍卿	三浦興業取締役	扇谷
大岡 昇平	作家	極楽寺
大仏 次郎	作家	雪ノ下

島津 備登	元子爵	二階堂
清水 崑	漫画家	雪ノ下
清水 直助	東洋物産代表	長谷
清水 康雄	清水建設社長	扇谷
椎名 悦二郎	元商工次官	扇ヶ谷
菅原 時保	建長寺管長	山ノ内
杉浦 仙之助	小西六写真工業相談役	浄明寺
曾彌 益	社会党参議院議員	小町
田中 絹代	俳優	津
高濱 年尾	ホトトギス社代表	原ノ台
高浜 虚子	俳人	材木座
高見 順	作家	山ノ内
竹山 道雄	評論家	扇ヶ谷
武原 はん	舞踊家	雪ノ下
辰巳 柳太郎	俳優	材木座
土屋 啓造	十合百貨店社長	小町
鳥海 青児	洋画家	雪ノ下
徳永 久次	通商産業局長	浄明寺
中山 義秀	作家	極楽寺
永井 竜男	作家	二階堂
西川 光次	理研社長	材木座
西川 甚五郎	参議院議員	大町
野村 学作	元貴族院議員	大町
野村 光一	音楽評論家	大町
林 房雄	作家	浄明寺
花柳 徳太郎	舞踊家元	大町
花岡 芳夫	日本燐寸社長	鎌倉山旭丘
波多野 元二	国際自動車社長	大町
萩原 井泉水	俳人	山ノ内
服部 英明	元貴族院議員	扇ヶ谷
針ヶ谷 武夫	医師会長、元市会議長	小町
原田 保長	鎌倉郵便局長	小町
原 節子	俳優	浄明寺
日守 新一	俳優	小町

小倉 遊亀	画家	山之内
鏑木 清方	日本画家	材木座
川上 喜久子	作家	浄明寺
川喜多 長政	東和商事社長	雪ノ下
川端 康成	作家	長谷
加藤 恭平	元三菱重工会頭	扇谷
桂木 洋子	俳優	長谷
杵家 和三郎	長唄	山之内
木下 利福	元子爵	大町
北大路 魯山人	陶芸家	大船町山崎
呉 文炳	日大総長経済学博士	腰越
熊沢 観明	画家	山ノ内
黒田 文紀	元子爵	材木座
黒木 ミチ	画家	雪ノ下
久保田 万太郎	作家	材木座
草間 時光	鎌倉市長	長谷
草間 百合子	俳優	坂ノ下入地
久世 久	元子爵	大町
紅 あけみ	俳優	大船松竹撮影所内
小島 政二郎	作家	雪ノ下
小島 喜邦	古流家元	長谷
小島 喜艸	華道家元	〃
小林 秀雄	評論家	雪ノ下
今 日出海	作家	二階堂
近藤 滋彌	元貴族院議員	二階堂
沢村 訥子	俳優	小町
沢田 節蔵	東京外語大学長	極楽寺
佐田 啓二	俳優	材木座
堺 駿二	俳優	大町塔ノ辻
里見 弴	作家	小町
小夜 福子	俳優	材木座
重光 葵	改進党総裁	材木座

藤原 義江	声楽家	鎌倉山旭丘
細川 護貞	元伯爵	材木座
北条 秀司	作家	山崎
星野 立子	俳人	大町
前田 青邨	日本画家	山ノ内
前田 利建	元侯爵	長谷
前田 米蔵	自由党代議士	材木座
真杉 静枝	作家	極楽寺
真下 喜太郎	俳人	長谷
松平 直国	元伯爵	二階堂
松井 翠声	漫談家	材木座
真船 豊	劇作	山ノ内円覚寺内
万城目 正	作曲家	大船田園
三井 弘次	俳優	〃
三国 連太郎	俳優	雪ノ下
三浦 光子	俳優	二階堂
水ノ江 瀧子	俳優	材木座
水原 真知子	俳優	扇谷佐介
宮本 和吉	武蔵大学長	
村松 梢風	作家	西御門
森川 鍈	元子爵	二階堂
森田 たま	作家	鎌倉山住吉
山本 正一	自由党代議士	大町
山口 利彦	山武計器社長	材木座
山口 淑子	俳優	大船山崎
八州 秀章	作曲家	山ノ内
横山 隆一	漫画家	小町
横山 泰三	〃	大町
吉屋 信子	作家	長谷
笠 智衆	俳優	岡本
渡辺 はま子	声楽家	扇ヶ谷
若水 絹子	俳優	大船田園

鎌倉在住有名人住所録『鎌倉大観』
（鎌倉観光施設協会　一九五三年）より抜粋

昭和36年 若宮大路 下馬から三の鳥居まで

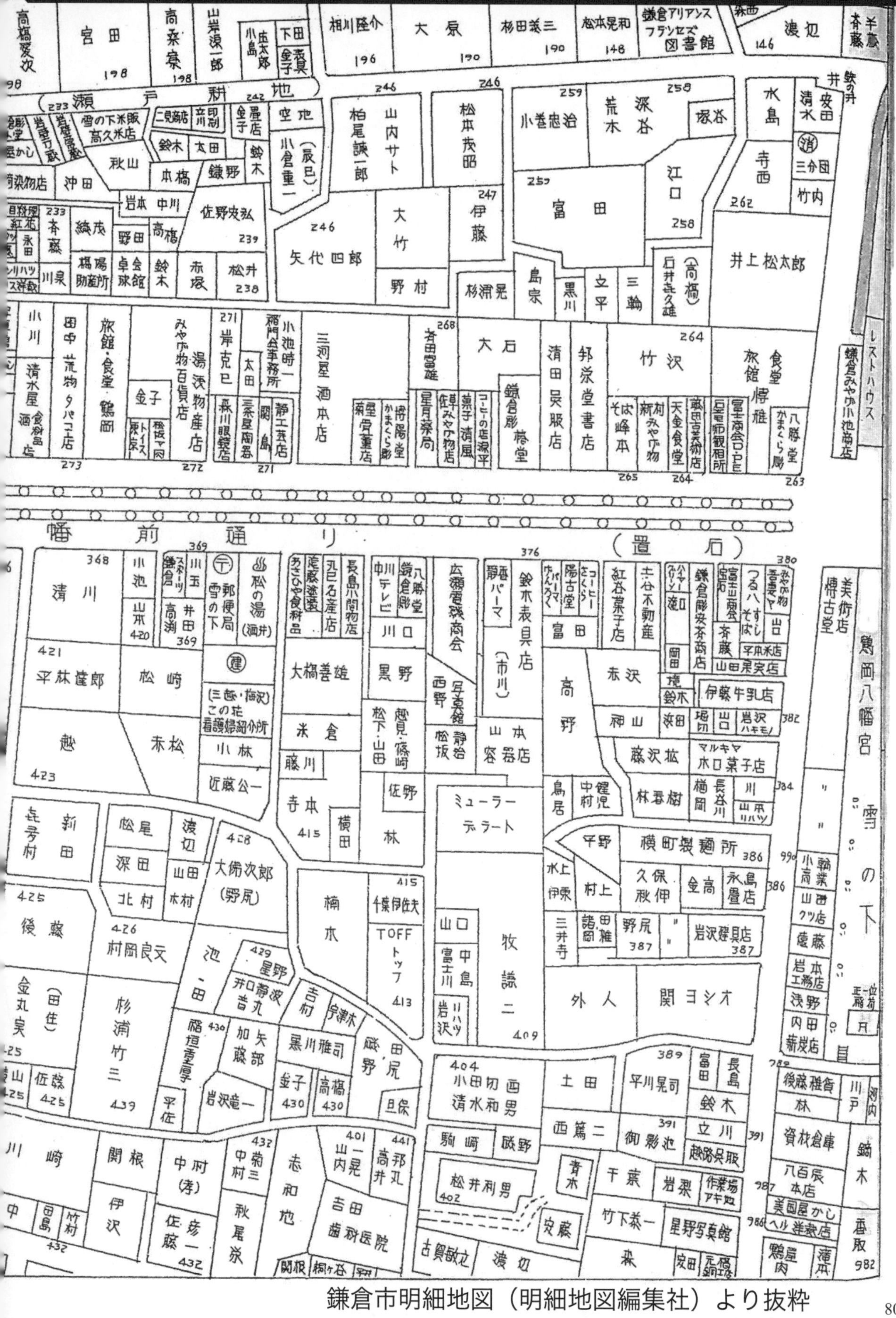

鎌倉市明細地図（明細地図編集社）より抜粋

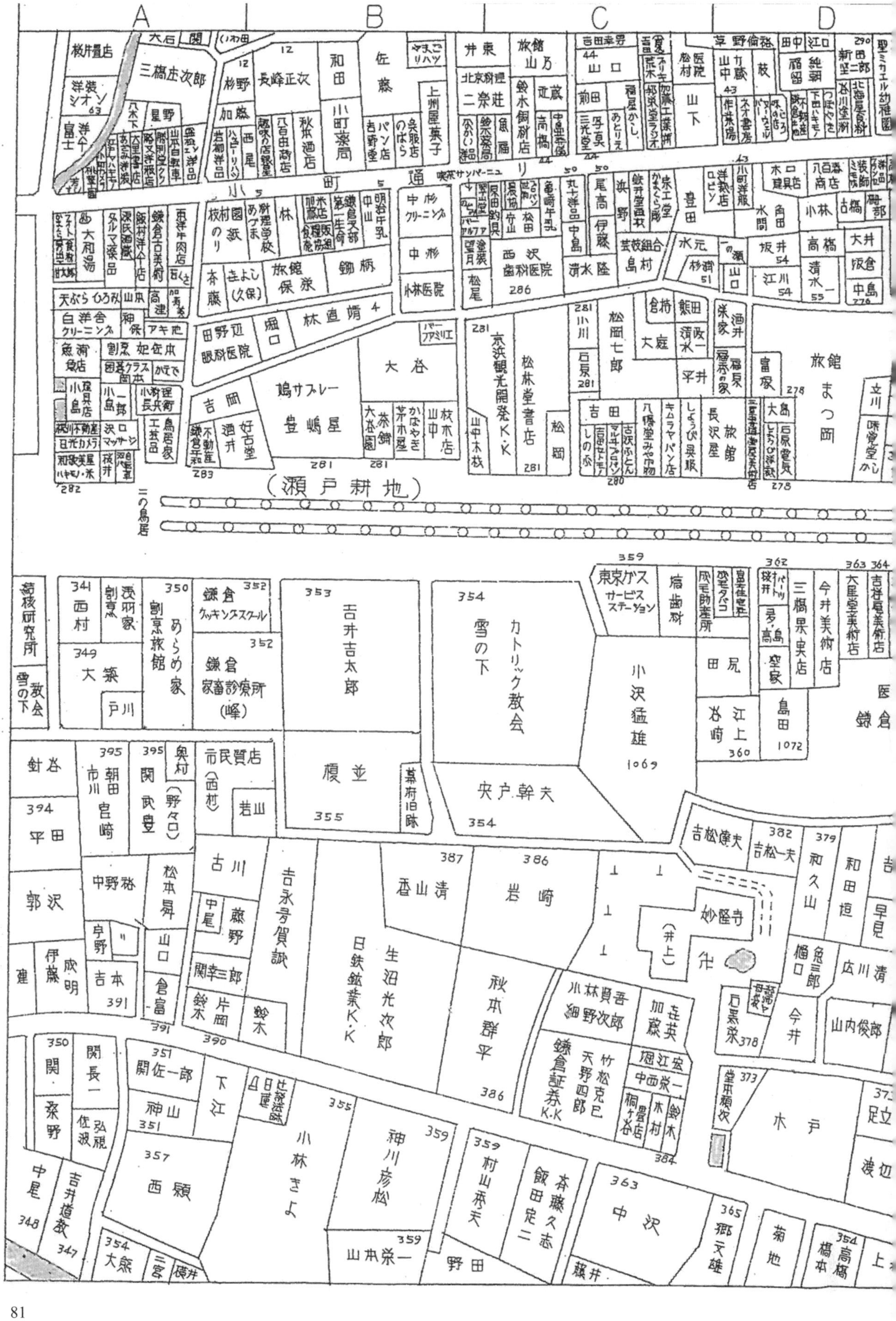

A
B
C
D
小町通り
喫茶サンパーニュ
桜井畳店
三橋庄次郎
洋装シオン
富士
星野
大石
関
長峰正次
杉野
加藤
和田
佐藤
小町薬局
吉野堂
パン店
呉服店のばら
上州屋菓子
井東
旅館山乃
北京料理
二楽荘
鈴木御料店
高橋
山口
前田
三光堂
あとりえ
山下
松村医院
草野倫裕
田中
江口
新田堅二郎
聖ミカエル幼稚園
秋本酒店
八百由商店
中山
中彬
クリーニング
中彬
小林医院
林
明治牛乳
鎌倉文化
第一生命
鋤柄
旅館保泉
吉よし(久保)
本藤
林直靖
田野辺眼科医院
堀口
バーファミリエ
大谷
鳩サブレー
豊嶋屋
吉岡
好古堂
酒井
不動産
西沢歯科医院
松尾
清水隆
芸妓組合
島村
伊藤
尾高
浜野
豊田
鈴井
小町洋服
木口建具店
八百春商店
小林
高橋
坂井
大井
飯倉
清水
中島
江川
杉浦
山口
水元
一の瀬
水間
角田
天ぷらひろみ
山本
白洋舎クリーニング
神保
アキ也
魚清魚店
割烹妃佐山
小島
小島
鳥居家
工芸品
大和湯
東洋牛肉店
鎌倉古美術
松林堂書店
京浜観光開発K・K
山中木材
松岡七郎
松岡
小川
石原
熊田
倉持
大庭
清水一
平井
酒井
福泉
洋家
長沢屋
旅館
しょうび呉服
キムラヤパン店
八幡堂みやげ物
吉田
富永
大島
旅館まつ岡
立川
味覚堂かし
(瀬戸耕地)
二の鳥居
結核研究所
雪の下教会
西村
割烹天羽家
割烹旅館めらめ家
鎌倉クッキングスクール
鎌倉家畜診療所(峰)
大築
戸川
吉井吉太郎
榎並
幕府旧跡
雪の下カトリック教会
宍戸幹夫
小沢猛雄
東京ガスサービスステーション
塙歯科
三橋果実店
今井美術店
大星堂美術店
田尻
江上
谷崎
島田
鎌倉
針谷
市川
朝田宮崎
関武豊
奥村(野々口)
市民質店(西村)
若山
平田
郭沢
吉松逢夫
吉松一夫
和久山
和田垣
吉川
中野裕
松本昇
中尾
藤野
関幸三郎
鈴木
片岡
鈴木
吉永寿賀誠
香山清
岩崎
妙隆寺
(井上)
伊藤成明
吉本
山口
倉富
日鉄鉱業K・K
生沼光次郎
秋本猶平
小林貞吾
細野次郎
加藤英吉
鎌倉証券K・K
天野克巳
竹松四郎
堀江宏
中西栄一
桐ヶ谷豊店
木村
鈴木
石黒栄
樋口
魚三郎
今井
広川清
山内俊郎
早見
関
関長一
桑野
佐波弘親
関佐一郎
神山
下江
日向
小林きよ
神川彦松
村山恭夫
飯田定二
斉藤久志
中沢
堀内頼次
木戸
足立
渡辺
中尾
吉井道教
西願
大森
三宮
桜井
山本栄一
野田
藤井
郷文雄
菊地
高橋
上

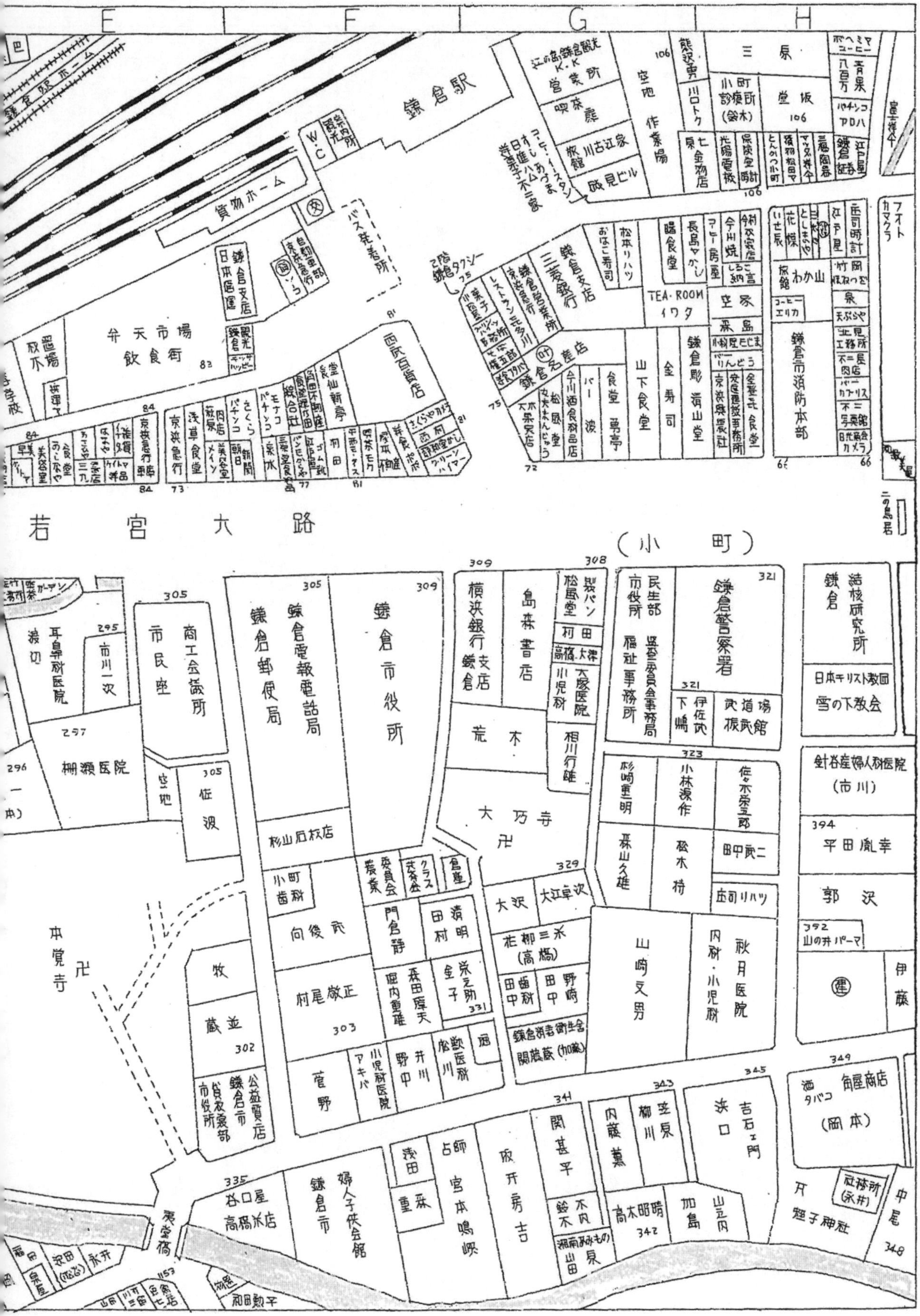
E
F
G
H
鎌倉駅
貨物ホーム
W.C
バス発着所
弁天市場
飲食街
西武百貨店
鎌倉支店
三菱銀行
鎌倉名産店
TEA-ROOM
イワタ
山下食堂
金寿司
鎌倉彫
鎌倉市消防本部
若宮大路
（小町）
市民座
商工会議所
鎌倉郵便局
鎌倉電報電話局
鎌倉市役所
横浜銀行鎌倉支店
島森書店
鎌倉警察署
鎌倉結核研究所
日本キリスト教団
雪の下教会
棚瀬医院
荒木
大巧寺
本覚寺
杉山石材店
小町歯科
向後六
村尾敬正
牧
山崎文男
秋月医院
平田胤幸
角屋商店
婦人子供会館
宮本鳴峡
坂井房吉
関甚平
浜口
夷堂橋
蛭子神社
針谷産婦人科医院

A
B
C
D
1
2
3
4
5
鎌倉銀座
蔵屋敷
市場
大木果実店
泉屋菓子店
富士洋品
上条歯科
大木
小島
高久
渋谷
874
赤尾耳鼻科医院
秋田庸一
876
林敏夫
佐藤正夫
884
加藤燃料問屋
政尾
松本
八字屋洋品店
池辰
ボストン運動具店
菓子舗
金時堂
薬局
一柳
お好焼
木村
田代
下馬
相良
スワード
藤間菫
日本舞踊研究所
西形
永野菓子店
七島ふとん店
七島
大胡不動産
松田工務店
モータース
872
林屋材木店
大川商店
内田金物店
駿河銀行
鎌倉支店
丸八魚市場
丸七商店街
丸東ストア
薬局
かまくら
後藤眼科
丸山ランドリー
大倉産業K.K
内田金物店
広田ゴム工業
明治生命
田村自転車
そば
庵五郎
高橋骨董店
荒物雑貨
山田商店
1008
自動車板金
金田工業
モービールガス
ガソリンスタンド
松谷商店
延命寺橋
鎌倉信用金庫
林屋旅館
1029
林屋材木店
1030
角丘葬儀社
中野
高橋
鬼屋印刷
(進藤)
1007
1006
延命寺
松本
1002
金野栄吉
三浦
1002
永沢
安斉
西町
1034
倉田
安田
山本
町田
栗原
安藤
1034
小林
山岡
1040
松井タキ
石井
岡田
1043
佐藤
池田
武居功
土屋理蔵
1050
七島ふとん店
丸助産院
滑川
北山直一
伊藤
湯川
1024
高木欽治
1025
教恩寺
(東山)
1043
羽田恒久
1076
二葉写真館
新米
宮治商店
鎌倉中央食品小売市場
287
小町園
南沢
湯富俊美
284
丸山
近江屋質店
和風荘
小倉
塚田
277
篠山芳三
岩秋
竹村
下中
280
277
吉田
小林治男
土井
横手
宇野嘉吉
三宮
七島
山田徳太郎
1085
熊谷
1001
湘南化学工業K.K
998
996
995
994
994
倉本
高橋
洋服
吉川
武田
家具店
宮内
吉田
田代

私の段葛ストーリー

かまくら桜の会会長・高柳英麿さん、女優・鶴田真由さん、オーボエ奏者・吉井瑞穂さんにとって鶴岡八幡宮、若宮大路・段葛は子供のころから親しんできた生活の場でもあり、多くのエネルギーをもらった。
段葛の再生を機に鎌倉の自然保護、文化・芸術発展のために尽くす決意を新たにしている。「自分をはぐくんでくれた鎌倉に恩返しをしたい」。口々に語る。そんな3人にエールを送りたい。ふるさとへの思いや今後の抱負を聞いた。

（浅田　勁）

桜とともに生きる

高柳英麿さん
Takayanagi hidemaro

（佐久間芳之　撮影）

古都保存法（「古都における歴史的風土の保存に関する特別措置法」）が１９６６（昭和41）年1月に公布されて以来、鶴岡八幡宮境内の段葛・若宮大路を中心に周辺の山、寺社、公園、小・中学校の庭に桜を植え続けて半世紀余り。その数は１７００本にのぼる。桜とともに歩んできた人生である。

１９３３（昭和8）年2月、東京・大田区大森で生まれた。太平洋戦争の戦況が厳しくなりつつある１９４２（昭和17）年、親族の別荘があった鎌倉・大町に一家で移り住んだ。小学校4年生だった。若宮大路の由比ケ浜寄りにある鎌倉市立第一小学校に通った。

学校は兵舎にもなっており、兵隊は近くの山の防空壕や海岸付近で連合軍を迎え撃つための塹壕・たこつぼ掘りをしていた。高学年の生徒は、若宮大路の両側にあった松の枝おろし作業を手伝った。太い木は大人が切り倒した。航空燃料用の松根油を作るためだった。

「私は、小枝を細かく切るなどの手伝いをしました。当時は、松のほかに柳がありました」。

旧制中学1年で終戦を迎え、千葉大学工学部映像工学科に入学。１９５５（昭和30）年に大学を卒業とともにＮＨＫに入社。テレビジョン局でドキュメント番組を担当した。当時はまだビデオはなかった。傍らで、趣味の写真撮影に力を入れた。12年ほどでＮＨＫを退社。鎌倉でビル経営に携わりながら、商工会議所や観光協会の役員を通して街づくりに関心を深めた。

古都保存法は、八幡宮の裏山の開発阻止運動を機に、奈良や京都の古都における歴史的風土を保存するために制定された。当時の山本正一鎌倉市長や八幡宮の白井永二宮司に、これからは街の緑や花を守り育てようと呼びかけられた。

鎌倉幕府が編纂した『吾妻鏡』は源頼朝、

頼家、実朝の源氏三代をはじめ歴代の将軍が花見の宴を楽しんだ記述がある。1184（寿永3）年4月、頼朝は妹の夫で、のちに京都守護となる一条能保を御所に招き、庭に咲く桜をめでた。「相共に終日にこの花を翫（もてあそ）ばしめたまふ」「管弦詠歌の儀あり」。1203（建仁3）年3月、二代将軍・頼家は一切経会に臨むため永福寺（ようふくじ）に出掛けた。「烟霞（えんか）の眺望、桜花の艶色、興あり、感あり」。三代将軍・実朝は1207（建永2）年3月、御所の北壺に永福寺から桜、梅を移植している。1214（建保2）年3月9日の晩にはにわかに思い立って、桜見物のために永福寺へ出掛けた。四代将軍・藤原頼経、五代将軍・藤原頼嗣、六代将軍・宗尊親王も鎌倉中の諸堂や永福寺での花見を楽しんでいる。

山本市長、白井宮司の意向を受け折に触れて街の中心の段葛などへの桜の植樹を始めた。八幡宮に奉職していた守屋大光さん（のちの葉山町長）、池田正弘さん（現、伊勢山皇大神宮宮司）らが指導してくれた。「当時の段葛は雑木があり、かなり荒れていました」。桜は松とも調和するとの県の提案で海岸まで植えることになった。

1973（昭和48）年10月、日本花の会、朝日新聞などにより、若宮大路が「日本の桜の名所100」に選ばれた。鎌倉表駅商友会（高柳英麿会長＝当時）は1974（昭和49）年6月、若宮大路の歩道に八重桜（「思川」）の苗木36本を植樹、周辺を百日草、マリーゴールドの草花で飾った。会としての本格的な活動のスタートだった。「街を魅力あるものにするとともに、商店街の活性化が目的でした」。翌年には、ヤマザクラが市の木に制定される。

「かまくら緑の会」を発足させたのは1989（平成元）年6月。1994（平成6）年6月には緑の会が中心となった「若宮大路グリーン・クリーン運動」を始めた。このキャンペーンは現在も市の美化運動として続く。

緑の会は2008（平成20）年4月に発展的に解消、「かまくら桜の会」（高柳英麿会長）として生まれ変わった。「初期の目的をほぼ達成したので、今後は桜に特化した事業を進めることになりました」。この年の2月には、撮りためた桜の写真集「鎌倉のさくら」を出版している。

再整備工事で段葛が閉鎖中の2015（平成27）年2月、同年の花見ができないため、自ら撮った桜の写真展を開いた。会の活動は途切れることなく11月には、若宮大路中心部や源氏山、鎌倉宮周辺に計35本のヤマザクラを植えた。今後は、鎌倉・材木座で生まれたオオシマザクラ系の桐ケ谷桜（ミクルマガエシ）など、日本古来の桜の普及を目指すとともに市民へのPRにも務める。

2016（平成28）年2月、鎌倉市生涯学習センターで「鎌倉の桜―映像と解説」を主催。3月には建長寺で富岡幸一郎・鎌倉文学館館長（「鎌倉の文学と桜」）、高井正俊・前建長寺宗務総長（「建長寺と桜」）による「さくらの講演会」も行った。折に触れて、「さくらの懇談会」を開催。そうした際は、自ら考案、各方面の協力で造った桜ワインや桜茶、桜弁当が振る舞われる。かつて八幡宮で催された「桜まつり」にあやかった。

神奈川県、かまくら緑の会、日本花の会などによって立てられた「日本の桜の名所100　若宮大路」の石碑が大巧寺(だいぎょうじ)入り口横に立っている。碑の上部に刻まれる「桜」の字は八幡宮の吉田茂穂宮司の書である。時折眺めながら、これまでの桜人生を振り返るとともに、鎌倉の桜を大切にしたいとの決意を新たにする。

神奈川県みどりトラスト財団三浦半島地区協議会会長、神奈川県自然保護協会理事を務める。

鎌倉の魅力発信が期待される

鶴田真由さん

Tsuruta mayu

（松藤飛洋　撮影）

鎌倉に生まれ育ち、女優としてドラマ、映画、舞台にと幅広く活躍する。大学卒業後は東京に住むが、折に触れ実家がある鎌倉に戻る。鎌倉市国際観光親善大使としても鎌倉での行事への出番が多くなった。ふるさと・鎌倉に引き寄せられているような思いが強いこのごろである。

幼稚園、小学校は江ノ電で藤沢・鵠沼にある湘南学園に通った。中・高・大学は成城学園。バスで藤沢に出て、小田急での遠距離通学。鎌倉には思い出が詰まっている。

初詣で、七五三といった節目には八幡宮に出掛けた。その際は、必ず段葛を歩いた。段葛・若宮大路は日常生活に溶け込んでいた。大路沿いの「こ寿々」のわらび餅が好きだった。家族で中国料理の「鎌倉赤坂飯店」にも行った。「納言志るこ店」のかき氷の味も忘れられない。お使いで、小町通の「東洋食肉店」にも足を運んだ。

祖母とは、弁当を持って朝夷奈（あさいな）切通方面の山歩きを楽しんだ。極楽寺に住む友人とは稲村ケ崎小学校近くの田んぼの裏山で遊んだ。「おじいちゃんの木」と呼んだ大木がお気に入りだった。

高校三年生の時、広告代理店に勤めていた従兄の勧めでＣＭに出演したことがきっかけで女優の道に入った。１９８８（昭和63）年「あぶない少年Ⅱ」（テレビ東京）で女優デビュー。１９９５（平成７）年６月に東映系映画館で公開された「きけ、わだつみの声」で日本アカデミー賞優秀助演女優賞を受賞。戦地に赴いた従軍看護師役だった。

旅番組の出演がきっかけとなり、２００８（平成20）年に第４回アフリカ開発会議（ＴＩＣＡＤ Ⅳ）の親善大使に任命された。視察でケニアやスーダンの難民キャンプを訪れた。スーダンは内乱が収まったばかりだった。「あんなに緊張したことは初めてでした」。アフリカ各国の首脳を招いた外務省主催のパーティーに招かれ、アフリカとの親善外交の一翼を担った。

鎌倉市国際観光親善大使に就任したのは２０１０（平成22）年12月。鎌倉市観光協会（井手太一会長）の推薦、鎌倉市長から委嘱された。国内はもとより国際的にも鎌倉の魅力を発信することが期待される。鎌倉で文化、芸術活動を行っているＮＰＯ法人・ルートカルチャーとの交流を深めていた折でもあり「メンバーと行政との橋渡しができればと思い引き受けました」。地元で生まれ育ちながら、機会がなかった流鏑馬や薪能見物にも出かけるようになった。

多彩なメンバーとの交流の中から、鎌倉発の男女二人芝居「花音（カノン）」が実現した。２０１３（平成25）年に北鎌倉・浄智寺で初演。伊勢神宮、別府温泉、琵琶湖を巡回。２０１５（平成27）年の秋分の日、八幡宮で最終公演を奉納した。リハーサルの際、海からの風が段葛・若宮大路を吹き抜けてきた。

心地がよかった。「段葛・若宮大路は海から神さまをお招きする道だと感じました」。司馬遼太郎著『三浦半島記』は段葛の用途について「神さまが、お渡りになるための作道（つくりみち）でした」との三浦勝男・元鎌倉国宝館館長の話を紹介しながら「段葛はむろん作道である。大げさすぎるほどの築造道路である」と書く。

同年8月に行われた「鎌倉〈海と文芸〉カーニバル」では、川端康成が初恋の相手とやり取りした恋文をミュージシャンの音楽に合わせて時系列的に朗読した。11月には鎌倉ブランドの商品開発や寺社、鎌倉に寄贈された古民家の体験型ツアー、地域活性化事業を行う「株式会社鎌倉」（久保田陽彦社長）が設立され、その株主の一員に名を連ねた。活動で得られた利益は文化、芸術の町おこしに充てられる。今後、どう形にしていくかが課題である。

文化、芸術に対する鎌倉のすそ野は広い。それぞれの分野で多くの人が活動している。こうした人たちが横のつながりを強めれば鎌倉から文化的な大きなムーブメントが期待できる。歴史・伝統を大事にする年配者と時代を進めようとする若者が信頼関係を築けば、大きなパワーが発揮される。「鎌倉では、そうした方向へ風が吹いているような気がします。過去に感謝しながら、新しい風を起こしていきたいですね」。

２０１６（平成28）年3月の段葛の「通り初め」にも招かれた。「自分の人生は段葛・若宮大路とともにありました。リニューアルされたことで時代が変わったと思いました。私もリセットされた感じです」。

5月の鎌倉市民まつりウイークの最終日を盛り上げる仮装パレードを中心とした第1回鎌倉市民カーニバルでは審査員を務めた。一連の行事を通して、鎌倉への思いが一層深まりつつある。「そろそろふるさとへ恩返しする時期かなと思っています」。古事記をたどった旅エッセイ『ニッポン西遊記　古事記編』を出版している。活動は多彩だ。「これからも、力まず、心に反応することを楽しみながらやっていきます」。「美しい花は晴れの日ばかりでは咲かないのです。皆サン、がんばって人生に大輪を咲かせましょう！」。１９９６（平成8）年4月に出版したエッセイ集『晴れのち晴れ』の「あとがき」の結びの言葉である。

母と段葛で（鶴田真由さん　提供）

鎌倉でコンサートに力を入れる

吉井瑞穂さん
Yoshii Mizuho

（松藤飛洋　撮影）

鎌倉市小町の若宮大路・段葛に面した自営業の長女として生まれた。源頼朝、長男で二代将軍・頼家、二男で三代将軍・実朝の源氏三代が過ごした大倉幕府跡に創立された清泉小学校に通った。

家の前の段葛・若宮大路、鶴岡八幡宮境内が遊び場だった。段葛の桜の木に山ざるのごとく登るのが好きだった。通りがかりの人から注意されたこともある。「木は登るためにあると思っていました」。近くの教会の庭にあったザクロの木の実を採ったこともある。清泉小では、校庭の木に登ることが禁じられていた。それが、今でも心残りである。

段葛は二の鳥居から三の鳥居に近づくにつれて幅が狭くなる。「友達と、定点を決めて歩幅で確認しました」。二の鳥居入り口両側のこま犬の頭上も格好の遊び場だった。毎日練り歩いた段葛からは、多くのエネルギーをもらった。段葛や鎌倉の自然抜きでは、これまでの人生を語れない。

正月に揚げるたこの糸を利用した自家製の釣り道具を携えて八幡宮境内の源氏池で釣りをしたことも楽しい思い出である。三の鳥居を入った右側、ボタン園入り口近くの木陰が穴場だった。魚は釣れなかった。ザリガニが獲れた。「神職に見つかり、怒られたこともありました」。源平池は、歴代将軍が魚や鳥を放す神聖な放生会の場であることを知る由もなかった。「子育ては、周囲に思いきり遊べる豊かな自然があれば大丈夫です」。一人の男児の母親としての確信である。

両親がピアノや歌が趣味の音楽一家だった。幼少からピアノを学び、清泉中学校に入ってオーボエを始めた。気が付くと、オーボエの魅力に取り込まれていた。「オーボエが職業になるとは思っていませんでしたが」。

物心ついたころから、将来は海外に住みたいと思っていた。夢のなかでドイツ、イタリア、フランスの旅をしていた。東京芸術大学に進んだ1年後にドイツのカールスルーエ国立音楽大学に移籍。在学中に第66回日本音楽コンクールで優勝。特別賞も受賞。卒業後、カラヤン財団から奨学金を得て、ベルリン・フィルハーモニー管弦楽団でエキストラ奏者を務めた。２０００年からマーラー・チェンバー・オーケストラのオーボエ首席奏者としてヨーロッパを中心に演奏活動を続ける。

ヨーロッパでは各地で音楽会が催されていた。いつしか、自分を育んでくれた鎌倉でコンサートを開きたいと思うようになった。「パワーをもらったふるさとに恩返しをしたいとも思いました」。旧知でともに鎌倉生まれの有田栄さん（昭和音楽大学教授）、佐藤友紀さん（東京交響楽団首席トランペット奏者）と準備を進めた結果、２０１５年4月、鎌倉市生涯学習センター、コーヒー店「スターバックス」、山に囲まれた妙本寺の3カ所で第1回レゾナンス〈鎌倉の響き〉コンサートを実現させた。

自身はフィナーレの「オーボエ・ハープ・笙（しょう）の調べ」に出演。ハープ（吉野直子さん）、笙（東野珠実さん）との三重奏を披露。最後の演奏が終わった瞬間、ウグイスのさえずりが聞こえ、聴衆がわいた。新緑の風の音が心地よかった。「多くの人に支えられて念願のコンサートが実現しました。皆さんに喜んでいただけたのが励みになりました」。

2回目の２０１６年は妙本寺本堂で4月24日に「自然と雅楽の饗宴」、29日の生涯学習センターでの「輝く音、トランペットの玉手箱」、30日は自らのオーボエとイングリッシュホルン、メゾ・ソプラノ（波多野睦美さん）、ハープ（吉野直子さん）による「フランスの響き」が妙本寺で開かれた。ドビュッシーやフォーレの曲を演奏した。本堂を訪れた聴衆は、身近な自然のなかで、クラシック音楽を堪能した。

ヨーロッパにも四季があるが、春と秋は短いと感じる。日本の春は芽吹きどきから季節がゆっくり進み、4月下旬の新緑が最も美しく、さわやかに感じられる。脳管が刺激され、オーボエの響きに反応するような気もする。この時期に、コンサートを企画した理由である。

シリーズでは、幼稚園での「こどものためのコンサート」にも力を入れる。２０１６年は前年同様、出演者がかっぱやキツネ、ウサギ、おじいさん、タヌキの格好で園児と演奏を行った。「将来のクラシックファンを育てるのも大事な仕事です」。

ドイツに住んで20年以上になるが、鎌倉でのこのコンサートを続ける予定。「足の悪いお年寄りや子育て中のママが東京や横浜まで行かなくても地元で質の高い音楽を楽しめる場を提供したい。心をいやす音楽で人の役に立ちたい」。鎌倉を代表する音楽祭への発展を目指す。

英国人の夫（声楽家）との結婚式は八幡宮の舞殿で行った。白無垢の花嫁衣裳、夫は羽織袴だった。「私は、紙の上ではカトリック、夫は英国国教徒ですが、神道に心惹かれるものがあります。夫も同じです。彼は日本語がわからないので、祝詞をすべて暗記して式に臨みました」。

ドイツから帰国すると必ず、すぐ近くのお稲荷さまへお参りに行く。そこは鎌倉幕府四代将軍・藤原頼経が政務を執った宇津宮辻子（うつのみやずし）幕府御所があった場所でもある。「私のパワースポットです」。生まれ育った家は御所の一画だったと思われる。「鎌倉に滞在中は、悪いことが起こったことがありません。なにかに守られているような気がします」。

若宮大路を南に歩くと由比ケ浜が広がる。「開放感を味わうことができます」。妙本寺から八雲神社に抜ける散策も気に入っている。「お寺や神社が『いらっしゃい』と手招きします」。サブレー、わらびもち、ロールケーキ、おそば。「段葛・若宮大路沿いには、おいしい食べ物がいっぱいあってうれしいですね」とも語る。これからの活動も鎌倉の風土とは切り離せないと思う日々である。当分は、ドイツと鎌倉との往復が続きそうだ。

新たに

鶴岡八幡宮の参道・段葛の整備完了

あす通り初め

古都・鎌倉のシンボルである鶴岡八幡宮。その参道である若宮大路・段葛の全面改修工事がこのほど完了し、30日に竣功式、通り初めが行われる。1年半ぶりに新しく生まれ変わった段葛の整備に至った経緯やポイント、鎌倉の町づくりについて、鶴岡八幡宮の吉田茂穂宮司、鎌倉市観光協会の井手太一会長、鎌倉商工会議所の久保田陽彦会頭に語り合っていただいた。

司会：神奈川新聞社湘南総局長　西郷公子

＝文中敬称略＝

段葛を語る

ZADANKAI

鶴岡八幡宮が1年半にわたって整備を進めてきた段葛の完成を祝う竣功（しゅんこう）式が2016（平成28）年3月30日午後、二の鳥居前で行われた。そのあとの「通り初め」では関係者約200人が新しい参道を神社まで歩いた。訪れた大勢の市民や観光客は、咲きそろった桜並木の春を楽しんだ。境内の舞殿では、歌舞伎役者の中村吉右衛門さんが「延年」の舞を奉納した。

前日の29日の神奈川新聞は「八百年古都の顔　新たに」「あす通り初め」のタイトルで八幡宮の吉田茂穂宮司、鎌倉市観光協会の井手太一会長、鎌倉商工会議所の久保田陽彦会頭による整備事業のポイントや段葛に寄せる思い、今後の町づくりについて語り合った座談会特集を掲載した。その内容を収録する。

八百年古都の顔

段葛再生の意義や鎌倉の未来を語る（左から）井手さん、久保田さん、吉田さん

座談会出席者

吉田茂穂《よしだしげほ》　鶴岡八幡宮宮司

井手太一《いでたいち》　鎌倉市観光協会長

久保田陽彦《くぼたはるひこ》　鎌倉商工会議所会頭

［発言順］

—今回の大規模整備に至った理由と経緯についてお聞かせください。

吉田　理由は主に二つあります。参道を支える石積みに、たるみやひび割れが目立つようになり、側面の玉石が時折、車道に落ちることがありました。その安全対策が求められてきたことが一つです。

また、大正初期に植えられ、多くの人に親しまれてきた桜の樹勢が衰えてきたこともあり、数年前から整備を考えていました。

工事は一昨年の11月に着工し、おかげさまで、予定通りに完成しました。

—観光協会、商工会議所にとっても、この日を待ち望んでいたのではないですか。

井手　着工に当たり、段葛の両側に高さ約3㍍のフェンスが設けられたときは、周囲の雰囲気が一変し、戸惑いを覚えたものです。

それが30日から、また多くの人にこの道を歩いていただけると思うと感慨深いものがあります。

オープンとなるとより以上の人がやってくると思います。協会としては、大歓迎です。

久保田　工事中の1年半の間、若宮大路を通る人は以前より少なくなっていましたね。特に、大路の東側は寂しかったですね。商店街、町内会も分断された形でしたが、ようやく待ち望んでいた時がやってきました。

若木を植えて桜並木も復活

吉田茂穂さん

—今回の整備のポイントをあらためてお聞かせください。

吉田　参道としての威厳と史跡の保全、桜並木の景観の回復、参拝者と車両の交通安全対策が主な目的です。試掘調査で「保護するべき土層」が見つかったため、南側に向かって参道路面のかさ上げを行い、浸透性土系舗装を施しました。

桜（ソメイヨシノ）は生育に適する樹間を確保するため、これまでの248本から177本に減らしました。新しい若木を、左右交互の千鳥配置に植えました。

また、通行する人の過重がかからないように路盤下に基盤を埋設、根が伸びやすいように工夫しています。灯籠は44基から94基に増やし、夜間照明装置や国旗掲揚用のポールを立てるホールも設けました。

久保田　リハーサルのライトアップを偶然拝見したのですが、本当に美しかったですね。夜も安心して歩けます。

—段葛は生活道路にもなっていますが、配慮した点はどんなところでしょうか。

吉田　交通安全対策として東西の横断が可能な開口部を従来の36カ所から14カ所に少なくしました。地元の皆さまと話し合いを重ねた結果ですが、不便を最小限に収めるように心がけました。

久保田陽彦さん

—久保田さん、井手さんにとって、段葛はどんな存在ですか。

久保田　段葛は八幡さまの参道ですが、私個人にとっては、幼いころから生活の一部です。そこにあるのが当たり前、慣れ親しんだ普通の道といった感覚です。

井手　私は35年ほど前に、八幡宮の本殿で挙式、そのあと白無垢（むく）姿の妻と段葛を歩いた思い出があります。

―段葛の再生を機に鎌倉の未来をどのように展望されますか。

久保田　八幡宮あっての私たちという意識が強くあります。ですから、まず地元の人を大事にする仕事をしたいと思います。また常に観光客を「ウエルカム」の気持ちでお迎えする気持ちを忘れてはいけないと自身に言い聞かせています。

井手　観光協会としては、段葛再生を機に国内はもとより、外国の方がより多く鎌倉を訪れる方策を考えたいですね。

吉田　皆さまには長期間ご迷惑をかけて申し訳ありませんでした。これまで、段葛の桜の手入れや水やり、掃除などすべてを地元の人に任せきりでした。管理者として反省しています。今後は、目配り、気配り、心配りを欠かさないようにしたいと思います。

八幡宮は祈りの場です。皆さまが笑顔で平穏な生活が送れるよう祈り続けていくのはもちろんのこと、参拝客の皆さまに憩いの場を提供するような姿勢で務めてまいりたいと思っています。

井手太一さん

―本日はありがとうございました。

【企画・制作＝神奈川新聞社湘南総局】

段葛とは

源頼朝が１１８２（養和2）年に鶴岡八幡宮の参道「詣往の道（若宮大路）」を整備した際、同時に政子の安産を祈って御家人たちの手によって設けられた。両側に縁石（葛石）を置き、その間を土で固め、周囲より一段と高くなっている。この特殊な構造の参道が残っているのは全国でも珍しい。

「置石（おきいし）」「作道（つくりみち）」「置路（おきみち）」などとも呼ばれる。八幡宮の社頭から由比ケ浜、一の鳥居まであったとの記録がある。

再整備された段葛

あとがき

浅田　勁

鶴岡八幡宮の境内である段葛・若宮大路の半世紀ぶりの大改修工事の竣功（しゅんこう）式と通り初めが２０１６（平成28）年３月30日に行われた。私はそれに先立ち同年1月から神奈川新聞に週1回「段葛再生―歴史の舞台を歩く」のタイトルで10回にわたる連載記事を書いた。

段葛・若宮大路に視点を置きながら、鎌倉幕府樹立から滅亡、室町、戦国、徳川時代、近世、そして現代までの「歴史の舞台」を歩いた。鎌倉幕府が編さんした『吾妻鏡』や関連資料を丹念に読み、連載を無事に終了することができた。連載に大幅に加筆したうえ、新たな項目を立てて1冊にまとめた。執筆に当たっては歴史書と物語類を混同しないように心がけた。

神奈川新聞は連載を受ける形で吉田茂穂・鶴岡八幡宮宮司、井手太一・鎌倉市観光協会会長、久保田陽彦・鎌倉商工会議所会頭による座談会特集「八百年古都の顔　新たに」を竣功式、通り初めの前日、３月29日の紙面に掲載した。改修工事の背景や今後の鎌倉のあり方について中身の濃い内容だった。新聞社の了解を得て、本に収録した。

段葛は鎌倉市民にとって生活の一部であり、シンボルでもある。段葛・若宮大路に親しんできた「かまくら桜の会」会長の高柳英麿さん、鎌倉市国際観光親善大使で女優の鶴田真由さん、マーラー・チェンバー・オーケストラのオーボエ主席奏者・吉井瑞穂さんに段葛・若宮大路への思いやこれからの鎌倉について語ってもらい、その内容も収めた。

執筆に際しては鎌倉市文化財課課長補佐の鈴木庸一郎さん、鎌倉国宝館学芸員の阿部能久さん（文学博士）、藤沢市郷土歴史課学芸員の宇都洋平さん、湯河原・土肥会理事で湯河原町史編纂委員の加藤雅喜さんをはじめ実に多くの人にお世話になった。

「後世に耐えるような本を残したい」と出版を引き受けてくれた「歴史探訪社」さん、全体のコーディネート役を務めてくれた会員制の私設図書館、「かまくら駅前蔵書室」オーナーの鈴木章夫さんにも感謝したい。ありがとうございました。

鎌倉千年の歩み ―段葛からのオマージュ―

目次

編集・構成　犬懸坂祇園

浅田　勁（あさだ・つよし）

1944（昭和 19）年 5 月、神奈川県・綾瀬生まれ。県立厚木高校、神奈川大学（貿易学科）、大宅壮一東京マスコミ塾（第 2 期生）を経て 1968（昭和 43）年、神奈川新聞社入社。

編集局社会部、企画部、東京支社報道部長代理、総務部長、横須賀支社長兼報道部長、広告局長を歴任。2008（平成 20）年 6 月、かなしんサービス社長を退任。

著書に『海軍料亭　小松物語』（かなしん出版）、『幕末動乱』（神奈川新聞社）、『三浦一族と相模武士』（斎藤悦史氏との共著、神奈川新聞社）、『東国武士の鑑　土肥実平』（加藤雅喜氏との共著、土肥会）。源頼朝の鎌倉幕府樹立から近世までをたどった『鎌倉新聞』（神奈川新聞社）を執筆。

デザイン　ブルークロス
写真　原田　寛（星月写真企画）
佐久間芳之 ／松藤飛洋
水彩画　矢野元晴
題字　前田吐実男
協力　かまくら駅前蔵書室

鎌倉千年の歩み ──段葛からのオマージュ──

2017 年 1 月 31 日　初版第 1 刷

著　者　浅田　勁
発行人　田中 裕子
監　修　犬懸坂 祇園
発　行　歴史探訪社株式会社
〒 248-0007　鎌倉市大町 2-9-6
Tel. 0467-55-8270
http://www.rekishitanbou.com/
発売元　株式会社メディアパル
〒 162-0813　東京都新宿区東五軒町 6-21
Tel 03-5261-1171
印刷・製本　神奈川新聞社

ISBN978-4-8021-3044-8 C0021